相続登記のしかたがよくわかる本

知りたいことがパッとわかる

司法書士 鎌田幸子

ソーテック社

民法改正について

約120年間ほとんど改正されてこなかった民法が、大きく変わりました。
　相続法に関しては、高齢化の進展等社会経済情勢の変化に対応し、残された配偶者の生活に配慮するといった観点から、「**配偶者居住権**」を新設するなど、昭和50年以来約40年ぶりに大幅な見直しが行われました。2019年1月から段階的に施行されていき、概要としては次のようになります。

❶ **自筆証書遺言の方式を緩和する方策**：施行期日2019年1月13日
❷ **原則的な施行期日**：施行期日2019年7月1日
　・遺産分割前の預貯金の払戻し制度
　・遺留分制度の見直し
　・相続の効力などに関する見直し
　・特別の寄与などの❶、❸以外の見直し
❸ **配偶者居住権および配偶者短期居住権の新設等**：施行期日2020年4月1日（178頁参照）
❹ **遺言書保管法**：施行期日2020年7月10日（14頁参照）

　また現在は、相続登記は義務ではなく、登記する期限もありませんが、今後相続登記の義務化が予定されています。これは、相続登記を行わず、被相続人名義で長年放置された状態の不動産が増えてきていることが大きな要因です。所有者不明の不動産を解消するため、法律が改正され、相続土地国庫帰属制度の創設（令和5年4月27日施行予定）や相続登記の申請が義務化されます（令和6年4月1日施行予定）。具体的な運用は法務省民事局（http://www.moj.go.jp/MINJI/）のサイトなどを確認してください。

> 本書の内容には、正確を期するよう万全の努力を払いましたが、記述内容に誤り、誤植などがありましても、その責任は負いかねますのでご了承ください。
>
> ＊本書の内容は、特に明記した場合をのぞき、2022年2月1日現在の法令等に基づいています。

Cover Design…Yoshiko Shimizu (smz')
Illustration…Wako Sato

はじめに

この本の読み方

　知識ゼロからスタートして相続登記がちゃんとできるように、1冊にまとめました。相続に関する基礎知識、不動産の情報の調べ方、戸籍謄本の見方から相続登記申請まで、順番にお話ししています。どの相続 CASE でも共通する手続きと、CASE 別の手続きとに分けて書いているので、該当する手続きだけ読み進めて、効率よく相続登記の申請ができるようになっています。

　第0章 では、自力で相続登記ができるのか、チェック項目を設けて診断テストを行います。自分で進めるのが難しい場合もあるので、ひとつの判断基準としてご利用ください。

　第1章 では、相続登記の全体の流れや手続きにかかる費用、必要書類などをコンパクトに紹介しています。まずは概略を把握しましょう。

　第2章 では、いざというときに役立つ相続の基礎知識をまとめています。

　第3章 では相続のしかた、第4章 では不動産の情報の調べ方、第5章 では必要な書類の集め方をお話ししています。この3つの章は、すべての相続 CASE で共通する手続きになります。

　第6章 では遺産分割協議を行う CASE、第7章 では自筆で書いた遺言書がある CASE をお話ししています。この2つの章は、個別の手続きに関することなので、該当するところだけ読み進めてください。

　第8章 では、ゴールである相続登記の申請に関してお話ししています。

　第9章 では相続放棄をしたい場合の手続きを、第10章 では相続登記に関連して一緒にやったほうがいい登記手続きを、第11章 では困ったときの相談窓口を記載しています。

　チェックシートや遺産分割協議書のサンプル、申請書や各書類のひな型も豊富に載せています。正確にもれなく進めていくためにも、必要に応じてコピーをして活用してください。

みなさまへの感謝の意を込めて

　最後に、編集者をはじめ、この本をつくるにあたりご協力いただいたすべての人に心よりお礼申し上げます。そして読者のみなさまにとって、煩雑な相続手続きを進めるうえでの一助になれば幸いです。

　　　　　　　　　　　　　　　　　　　　　　　　　　　鎌 田 幸 子

目　次

相続登記について
トコトンわかりやすく
まとめてみました！

第 0 章　自分で相続登記ができるかどうか診断してみよう

自分で相続登記ができるかどうかの診断テスト ……………… 16
診 断 結 果 …………………………………………………………… 19
超入門！ 相続登記Q&A …………………………………………… 20

第 1 章　相続登記のポイントを知っておこう

1-1　相続登記をするための基礎知識

1. 不動産の名義変更には登記が必要 ………………………………… 24
   - 法務局が不動産情報（登記簿）を管理
   - 亡くなった人の不動産は、名義変更の「登記」が必要
   - COLUMN　相続の登記をしないとどうなるか ～売れない不動産～ ……… 27

2. 相続登記までの流れをざっと知っておこう …………………… 28
   - フローチャート　相続登記までの大まかな流れ
   - 各手続きの難易度一覧
   - COLUMN　遺言書のススメ ………………………………………… 31

3. 相続登記をするために必要な書類 ……………………………… 32
   - 相続登記を申請する際に必要な書類一覧

4. 費用はどれくらいかかるのか …………………………………… 34
   - 登録免許税の計算例
   - 相続登記を申請する際に必要な書類一覧

1-2 タイムテーブルで知る相続登記までの流れ

1. 相続登記のスケジュール 36
   - 公正証書遺言による相続登記完了までの流れ
   - 自筆証書遺言による相続登記完了までの流れ
   - 法定相続による相続登記完了までの流れ
   - 遺産分割協議による相続登記完了までの流れ
2. 最短1カ月で終わらせる場合のタイムテーブル 39
   - 遺産分割協議で相続登記をする場合のタイムテーブル
3. 相続登記の取扱説明書 41
   - 相続登記の3大お悩み項目「財産（お金）」「人」「時間」

第 2 章　知らないと損をする相続の常識

2-1 知らないと損をする相続の常識 ❶

1. 相続の基本的な流れ 44
   - 相続の流れ
   - 相続開始から不動産など各種名義変更手続きまでの流れ
   - 死亡に伴う諸手続きチェックリスト
   - 相続確定後速やかに行う名義変更
   - **COLUMN**　相続税の申告が必要なら要注意！ 48

2-2 知らないと損をする相続の常識 ❷

1. 相続人は誰だ！ 49
   - 相続の CASE ❶　相続人が 妻 と 子
   - 相続の CASE ❷　相続人が 子 のみ
   - 相続の CASE ❸　相続人が 妻 と 父母
   - 相続の CASE ❹　相続人が 妻 と 兄弟姉妹
   - 相続の CASE ❺　相続人が被相続人より先に他界
   - 相続の CASE ❻　相続人が被相続人より後に他界
   - **COLUMN**　養子の子は代襲相続人になれる？ 56
   - **COLUMN**　事実婚の場合や内縁の妻に相続させたい場合 57
   - **COLUMN**　身寄りがない人の相続はどうなる？ 58

2. 誰がいくら相続できるか 59
- 相続の CASE ❶ 相続人が 妻 と 子
- 相続の CASE ❷ 相続人が 子 のみ
- 相続の CASE ❸ 相続人が 妻 と 父母
- 相続の CASE ❹ 相続人が 妻 と 兄弟姉妹

2-3 知らないと損をする相続の常識 ❸

1. 相続の対象になるものは何か 64
- プラスの財産例
- マイナスの財産例

2. 相続財産のリストをつくろう 66
- 相続財産チェックリスト
- **COLUMN** 生命保険金や死亡退職金も相続財産になる？ 68

第 3 章　相続のしかたを決める

3-1 3種類の相続のしかたから選択する

1. 相続のしかたを決める 70
- 相続登記までの大まかな流れと本書の参照先
- 予想される遺言書の保管場所

3-2 遺言書があるかないかで大きく変わる

1. 遺言書がある場合 73
- 遺言書の種類
- 検認とは？

2. 遺言書がない場合 77
- **COLUMN** 遺言書を勝手に開封したら罪？ 78

3. 話しあいで遺産を分ける場合 79
- 遺産分割協議で進める場合
- 遺産分割協議がうまくまとまらない場合の一般的な流れ
- **COLUMN** 遺産分割調停とはどのようなものか？ 80

第 4 章　不動産の情報を調べる
すべての CASE に共通

4-1　不動産の情報を調べる

1. 不動産の情報を確認する 82
   - サンプル　名寄帳サンプル
2. 登記事項証明書を取得しよう 86
   - ● 登記事項証明書の取得方法
   - ●「登記ねっと 供託ねっと」からのオンライン請求の手順
   - サンプル　登記事項証明書交付申請書サンプル
   - COLUMN　「登記情報提供サービス」について 95
3. 初心者でもわかる登記事項証明書の見方 96
   - サンプル　登記事項証明書（土地）サンプル
   - サンプル　登記事項証明書（一般建物）サンプル
   - サンプル　登記事項証明書（マンション）サンプル
4. 登記事項証明書のチェックポイント 104
5. "もれ"がないように調査しよう 106
   - ● 私道の名義変更がもれると大変なことになる
   - COLUMN　私道を見落としたばっかりに…… 109
   - COLUMN　売れない土地　～原野商法被害～ 110

第 5 章　必要な書類を集める
すべての CASE に共通

5-1　言葉の意味と必要な書類

1. 戸籍関係の言葉の意味を知る 112
2. 不動産の名義変更に必要な書類一覧 116
   - ● 遺言書がある場合、相続登記に必要な書類
   - ● 法定相続の場合、相続登記に必要な書類
   - ● 遺産分割協議の場合、相続登記に必要な書類

5-2 どのCASEでも必要な書類を集める

1. 被相続人・相続人の住民票・戸籍の附票 119
- サンプル 被相続人の住民票除票サンプル
- サンプル 戸籍の附票サンプル
- サンプル 不在住証明書サンプル
- サンプル 相続人の住民票サンプル
- ● 相続人の住民票の取得のしかた
- ● 被相続人の住民票除票の取得のしかた
- サンプル 住民票交付請求書（不動産を相続する相続人の住民票）サンプル
- サンプル 住民票交付請求書（被相続人の住民票除票）サンプル

5-3 どのCASEでも必要な書類を集める

1. 被相続人の死亡の記載がある戸籍謄本（除籍謄本） 131
- ● 戸籍謄本（除籍謄本）の取得のしかた
- ● 戸籍謄本（除籍謄本）を郵送請求の際に必要な書類
- サンプル 戸籍謄本交付請求書サンプル
- サンプル 代理人に依頼する場合の委任状 記載サンプル
- **COLUMN** 定額小為替とは？ 135

2. 相続人の戸籍謄本の集め方 136
- ● 相続人の戸籍謄本（除籍謄本）の取得のしかた
- **COLUMN** 同じ戸籍に入っている場合は1通でいい 137
- サンプル 戸籍謄本交付請求書サンプル
- サンプル 相続人の戸籍謄本サンプル

5-4 法定相続・遺産分割協議に必要な書類を集める

1. 被相続人の出生から死亡までのすべての戸籍謄本
（除籍謄本、改製原戸籍謄本） 140
- ● 戸籍謄本（除籍謄本）の取得のしかた
- サンプル 戸籍謄本交付請求書サンプル
- サンプル 戸籍謄本集めチェックシートサンプル
- サンプル 戸籍謄本サンプルA
- サンプル 改製原戸籍謄本サンプルB
- サンプル 転籍前の除籍謄本サンプルC
- サンプル 除籍謄本サンプルD
- ● 戸籍に見られる漢数字の表記例

5-5 戸籍謄本が集められなかったり、困った場合

1. とりあえず市区町村の窓口へ 157
2. 除籍謄抄本の交付ができない旨の証明書 158
   - サンプル 除籍謄抄本の交付ができない旨の証明書サンプル

5-6 相続人が亡くなっている特別な事例

1. 被相続人・相続人ともに亡くなっている場合 160
   - 相続人が被相続人より先に他界
   - 相続人が被相続人より後に他界
   - COLUMN 相続登記で取得した書類はほかでも使える 162
   - COLUMN 法定相続情報証明制度について 163

5-7 相続登記に必要な登録免許税の計算

1. 不動産の固定資産評価証明書（または固定資産税納税通知書課税明細書）.... 164
   - 固定資産評価証明書の取得のしかた
   - 郵送で請求する場合の必要書類
   - サンプル 固定資産評価証明書交付請求書（東京23区）サンプル
   - サンプル 市税証明交付申請書（市川市）サンプル
   - サンプル 固定資産評価証明書（東京23区）サンプル
   - サンプル 固定資産評価証明書（市川市）サンプル
   - 固定遺産税納税通知書の課税明細書の利用

第6章 遺産分割協議をする 個別CASE

6-1 遺産分割協議の進め方

1. 誰が不動産を相続するのか決める 172
   - 相続人が 妻 、長男 、二男 の3人の場合
   - COLUMN 共有名義の落とし穴 175
   - 遺産分割協議のトラブル事例
   - COLUMN 外国籍の人、外国居住の人がいる場合 178
   - COLUMN 配偶者居住権の新設 178
2. 遺産分割の方法を決める 179
   - 2つの不動産と現預貯金を3人で現物分割する場合

- ● 1つの不動産を売却して現金化し、3人で分ける場合
- ● 1つの不動産を1人が相続し、ほかの2人に代償金を支払う場合

3. 遺産分割協議書の書き方 182
　サンプル 表紙をつけていない遺産分割協議書サンプル
　サンプル 署名捺印と記名押印　サンプル 協議書を冊子にする方法
　サンプル 訂正印例　サンプル 捨印例

4. 遺産分割協議書は何通作成するか 189
　サンプル 印鑑登録証明書サンプル

6-2 遺産分割協議書サンプル

1. 遺産分割協議書の注意点 191

2. 現物分割の遺産分割協議書 193
　サンプル 現物分割の遺産分割協議書サンプル

3. 換価分割の遺産分割協議書 196
　サンプル 換価分割の遺産分割協議書サンプル

4. 代償分割の遺産分割協議書 199
　サンプル 代償分割の遺産分割協議書サンプル

6-3 相続人間で遺産の分け方を決める

1. 遺産分割でもめた場合 202
- ● 遺産分割協議が不成立になった場合
- ● 遺産分割調停が不成立になった場合
　サンプル 遺産分割調停申立書サンプル
　サンプル 土地遺産目録サンプル　サンプル 建物遺産目録サンプル
　サンプル 現金・預貯金・株式等遺産目録サンプル
　サンプル 当事者目録サンプル

2. 相続人に未成年者がいる場合 207
- ● 特別代理人選任の手続きに必要なもの
　サンプル 特別代理人選任の申立書サンプル

3. 相続人に行方不明の人がいる場合 211
- ● 不在者財産管理人選任の手続きに必要なもの
　サンプル 不在者財産管理人選任の申立書（家事審判申立書）サンプル

4. 相続人に認知症の人がいる場合 216

- 成年後見制度のしくみ
- 法定後見の種類

第 7 章　自筆で書いた遺言書がある場合
個別 CASE

7-1　自筆の遺言書を有効にする検認の手続き

1. 家庭裁判所に検認の手続きを申請する 220
   - 自筆の遺言書の検認手続きに必要なもの
   - **COLUMN**　遺言書を無効と主張したいときは 222
   - サンプル　家事審判申立書（遺言書の検認）サンプル
   - サンプル　当事者目録（遺言書の検認）サンプル

2. 検認の流れ 226
   - 自筆の遺言書の検認手続きの流れと必要なもの

第 8 章　いよいよ相続登記をしよう
すべての CASE に共通

8-1　登記申請をするための事前準備

1. 登記に必要な書類の確認 228
   - 「遺言書による相続登記」の申請に必要な書類一覧
   - 「法定相続による相続登記」の申請に必要な書類一覧
   - 「遺産分割協議による相続登記」の申請に必要な書類一覧

2. 登記費用を計算しよう 231
   - 100万円以下の土地に関する登録免許税の免税措置

8-2　登記申請をするための書類の用意

1. 登記申請書を用意する 236
   - **COLUMN**　管轄が異なる不動産が複数ある場合 237
   - サンプル　登記申請書（遺言書がある場合）・共有名義の土地、建物のサンプル

- サンプル 登記申請書（法定相続の場合）サンプル
- サンプル 登記申請書（遺産分割協議の場合）・単独名義のマンションのサンプル

2. 登録免許税納付用台紙を用意する 244

3. 戸籍謄本などの原本を返してもらう手続き 245
  - サンプル 相続関係説明図（遺言書がある場合）サンプル
  - サンプル 相続関係説明図（法定相続の場合）サンプル
  - サンプル 相続関係説明図（遺産分割協議の場合）サンプル
  - ● 原本を返してもらいたい書類のコピーのとじ方

4. 登記申請書類のとじ方 250
  - ● 原本を返してもらいたいときの登記申請書のとじ方
  - ● 原本を返してもらいたいときの登記申請書に原本をつける
  - サンプル 委任状のサンプル

8-3 登記申請・却下・取下げの手順

1. 登記申請から完了までの流れと却下と取下げ 255
  - ● 登記申請から完了までの流れ
  - サンプル 取下書のサンプル
  - ● 登記の申請方法とメリット・デメリット
  - COLUMN 法務局って？？／オンラインによる申請方法 260

2. 登記申請書の提出 261

8-4 登記完了後にやること

1. 登記が完了したら書類を受け取ろう 264
  - ● 窓口で申請を行う場合の流れ
  - サンプル 登記識別情報通知を郵送で受け取る場合の登記申請書の注意書きの書き方サンプル
  - サンプル 登記識別情報通知の受領について

2. 戻ってきた書類の確認 268
  - サンプル 登記識別情報通知サンプル
  - サンプル 登記完了証のサンプル
  - サンプル 登記事項証明書（登記完了後）サンプル
  - COLUMN 納税通知書、固定資産評価証明書の名義 274

第9章 相続を放棄したい場合

9-1 遺産を相続するか、放棄するか

1. 相続放棄の考え方としかた.. 276
   - COLUMN 「相続放棄」と、いわゆる「相続分の放棄」の違い............................ 277

9-2 相続放棄の手続きのしかたと流れ

1. 相続放棄の流れ.. 278
   - サンプル 相続放棄申述受理証明書のサンプル
2. 相続放棄の申立てのしかた 280
   - ● 相続人が未成年のときの相続放棄のしかた
   - サンプル 相続放棄申述書（申述人が成人の場合）サンプル
   - サンプル 相続放棄申述書（申述人が未成年の場合）サンプル
   - COLUMN 相続放棄をすると 287
3. 相続放棄の手続きに必要な書類と費用... 288
   - ● E 第2順位である祖父母が相続人になる場合

第10章 相続登記と一緒にやっておくべきそのほかの登記

10-1 やっておくといい登記 ❶

1. （根）抵当権抹消登記.. 292
   - サンプル 金融機関が（根）抵当権者の場合の登記申請書サンプル
   - サンプル （根）抵当権解除証書サンプル
   - サンプル （根）抵当権抹消登記時の委任状サンプル
   - サンプル （根）抵当権抹消登記後の登記事項証明書サンプル

10-2 やっておくといい登記 ❷

1. 住所・氏名変更登記... 301
   - サンプル 住所・氏名が変更になっている場合の登記申請書サンプル

第11章　困ったときの相談窓口

11-1　相談先の案内

1. 相談内容にあった場所へ行く.. 306
   ❶ 相続登記に関する相談は法務局に問いあわせよう
   ❷ 遺言書の検認、相続放棄、遺産分割の調停などに関する相談は家庭裁判所へ
   ❸ 相続の全般に関する相談は各種無料相談を利用しよう
   ❹ 時間がかかる場合は専門家に依頼するのも手
   ❺ それぞれの士業の具体的な役割

法務局の自筆証書遺言書保管制度について

　民法の改正により、2020年7月10日から法務局の自筆証書遺言書保管制度が開始しました。これまで、自筆の遺言書は、費用がかからない・思い立ったらすぐに作成できるという面でメリットがある反面、紛失の恐れがある・偽造や変造されてしまう恐れがある・検認の手続が必要なので相続人にとって煩雑であるといったデメリットがありました。これらの問題点を解消する選択肢の1つとして創設されたのが、法務局で保管する制度です。自筆の遺言書の記載例や、法務局に自筆の遺言書を預ける場合の手続きの詳細は、法務省のHPをご参照ください。

　法務省HP　http://www.moj.go.jp/MINJI/minji03_00051.html

　遺言書を法務局に預けた場合、「保管証」が発行されます。相続人は、被相続人から法務局へ遺言書を預けている旨を生前に聞いている場合や、死後に保管証を発見した場合は、法務局で遺言書の内容を確認しましょう。法務局で保管されているかわからない場合でも、「遺言書保管事実証明書」を遺言書保管所に指定されている法務局に相続人等から請求することで、保管の有無がわかります。遺言書保管所に指定されている法務局であれば全国のどこの法務局でも取得可能です。

　法務局で保管されている遺言書の内容は、相続人等から遺言書保管所に「遺言書情報証明書」の交付を請求するか、遺言書保管所に保管されている遺言書を閲覧することによって確認できます。遺言書情報証明書は、登記や金融機関等の相続の各種手続に使用することができます。ただし、法務局は外形的な確認をして保管するだけなので、遺言書の有効性を保証するものではありません。

第0章

自分で相続登記ができるかどうか診断してみよう

　相続というのは、あなたの歩んできた人生の中で大きな節目となります。大切な人が亡くなったのですから、つらくてしばらくは何もする気がおきないと思います。しかし、悲しみにくれる間もなく、いろいろな手続きをしなければなりません。

　葬儀を皮切りに、多種多様な手続きが待っています。残念ながら、これらの手続きは自動的に処理されるものではありません。多くの人がはじめて遭遇する慣れない手続きに四苦八苦します。その最たるものが、不動産の名義変更を行う「相続登記」です。

　とはいえ、自分で相続登記をする敷居は年々低くなってきています。意欲がある人はぜひチャレンジしてみてください。本章では、あなたが遭遇した相続が自分で相続登記をするのに向いているかどうかを判断できるように、診断テストを設けました。まずは、いくつ該当するかをチェックして、自分で相続登記できるのかどうか試してみてください。

❗ 相続登記は、専門家に依頼しなければできないと思っていませんか？

　相続は誰しも一生のうちに1度は遭遇することになりますが、慣れない手続きで戸惑う点もたくさんあります。時間や手間はかかるかもしれませんが、**「専門家に依頼せずに相続登記を自分でやることは十分可能」**です。インターネットが普及してからは、実際に自身の手で登記を進めている人もたくさんいます。

　ただし、「**自分で相続登記ができるCASE**」と「**専門家に依頼したほうがいいCASE**」があり、その判断を自分でするのは難しいと思います。

　そこで、相続登記を自分で進めることができるかどうか判断するために簡単な診断テストを用意したので、まずはチェックしてみましょう。

　この診断テストで○がつかない項目は、相続登記を進めるうえでの問題点でもあるので、自ずと解決すべき点も見えてくるはずです。

自分で相続登記ができるかどうかの診断テスト

❶ 主な遺産は不動産（自宅）と預貯金だけである（第2章参照）

- 投資用や別荘など多数の不動産を所有している場合：不動産の調査をしたり書類を集めたりするのに、時間や手間がかかっても大丈夫なら「○」、時間や手間をかけたくなければ「×」です。
- 遠方にいくつも不動産がある場合：順番に手続きをしていくことになるので手続きが長期化していいなら「○」、長期化したくないなら「×」です。
- 預貯金以外に、投資信託・有価証券などの資産が多い場合：調査が多岐にわたり、遺産を誰にどう分けるかを決めるのも難しいかもしれません。相続人の仲がよく協力しあえるなら「○」、そうでなければ「×」です。

❷ 不動産の場所が近場である（第4章参照）

- 不動産の場所が遠方の場合：法務局の窓口に行ける距離でないと、窓口で質問したりすることもできないうえに、補正（修正）の指示が来ても直しに行けないなど、いざというときに困るので「×」、遠方でも通えるなら「○」です。

❸ 相続税がかからない（第2章、第3章参照）

- 相続税がかかる場合：遺産の分け方によっては大きく相続税が変わってくることもあるので、誰が相続するかについても慎重に決める必要があります。税理士などの専門家のアドバイスを受けながら進めたほうがいいので「×」です。

❹ 相続人の数は3人以下である（第2章参照）

- 相続人の数が4人以上の場合：相続人が増えるほど話しあいに時間がかかり、紛糾することになります。書類への署名捺印や用意する書類も増えてくるので、準備が大変になります。相続人が4人以上の場合には「×」、4人以上でもきちんと仕切れるなら「○」です。

❺ 被相続人または相続人の中に、外国籍の人、行方不明者、認知症の人がいない（第6章参照）

- 被相続人または相続人の中に、外国籍の人、行方不明者、認知症の人がいる場合：必要な書類、必要な手続きが増えるので、通常の相続登記に比べかなりの時間がかかります。場合によっては手続きがこう着してしまう恐れもあるので「×」です。

❻ 相続人間で誰が相続するかは話しあいがついている（第6章参照）

☐
- もめている場合：遺産分割協議が紛糾して先に進むことができないので「×」です。

❼ 次々に相続が発生していない（第2章参照）

☐
- 相続人が亡くなるなど次々に相続が発生している場合：相続人が増えて複雑になるので「×」です。

❽ 自筆の遺言書がない（公正証書遺言があるなら○）（第7章参照）

☐
- 自筆証書遺言の場合：法務局で保管されていない自筆の遺言書は、家庭裁判所で「検認」という手続きを取らなければいけないため「×」、自筆の遺言書がなければ（公正証書遺言の場合も）「○」です。

❾ ある程度の時間が取れる（土日利用も可）

☐
- 仕事が忙しい場合：相続登記の準備が1日で終わるということは非常に稀です。ある程度の期間がかかるので、忙しくて時間が取れないなら「×」です。

❿ 細かいことが苦にならない性格である

☐
- 大雑把な性格の場合：相続登記は不動産の表示や氏名・住所など、正確な記載が求められるので、一言一句、誤字脱字がないかをチェックする細かい作業となります。大雑把な性格の人にとっては、少し気を遣う作業になるでしょう。

診断結果

❶ 8個以上○がついた人

自分で相続登記をするのに向いています。

　遺産や相続人の数が少なくシンプルであればあるほど、自分で相続登記をするのにうってつけです。とはいえ、油断は禁物です。10個すべての項目に「○」がつく人はあまりいないかもしれません。何かしらの問題点があるのが普通です。特に手続き面でたくさん気をつけるポイントがあるので、本書を順番どおりに読み進めていき、相続登記にチャレンジしてみましょう。

❷ 5個以上○がついた人

少し難しい点もありますが、自分で相続登記をすることも十分に可能です。

　「○」がつかなかったテスト項目は特に問題点になるので、本書をじっくり読み、すべてを自分でやりきろうとしないで、解決しない点は専門家や法務局の窓口に相談するなどして、あせらずじっくりと進めていきましょう。

❸ ○が5個未満の人

専門家に依頼したほうが早いかもしれません。

　「○」がつかなかったテスト項目は問題点になるので、そこを解決していけそうなら、自分で相続登記を進めることも可能です。自分で解決を図るのが難しいところは積極的に専門家の手を借りるなど、工夫して進めるようにしましょう。

超入門！ 相続登記Q&A

　「相続登記」のイメージがまったくわからない人もいると思うので、相続登記の情報を端的にまとめておきます。第1章からはさらに詳しい相続登記のポイントをお話ししていきますが、その前に、自身で進めてみようという意欲がわいた人は、このQ&Aをぜひ一読してください。

Q1 相続登記って何をすればいいの？

　A　「"相続登記"とは、相続によって不動産の名義が変わったことを国に登録すること」です。相続登記をするために、必要な書類をそろえて、登記の申請書を作成しなければなりません。大きな流れとしては、「**書類の準備 ⇒ 登記申請書の作成 ⇒ 相続登記の申請**」となります。

> **相続登記**
> 相続によって不動産の名義が変わったことを国に登録すること
> **相続登記の流れ**
> 書類の準備 ⇒ 登記申請書の作成 ⇒ 相続登記の申請

Q2 どういう書類が必要なの？

　A　主なものとして、「**亡くなった人の出生から死亡までの戸籍謄本（除籍謄本、改製原戸籍謄本）一式**」「**亡くなった人の住民票除票**」「**各相続人の戸籍謄本**」「**不動産を相続する相続人の住民票**」「**固定資産評価証明書（または固定資産税納税通知書課税明細書）**」が必要となります。このほか相続のパターンによって、「**遺言書**」「**遺産分割協議書**」「**相続人全員の印鑑登録証明書**」などが必要になってきます。

> **基本的に必要な書類**
> ・戸籍謄本（除籍謄本、改製原戸籍謄本）一式
> ・亡くなった人の住民票除票　・各相続人の戸籍謄本
> ・不動産を相続する相続人の住民票
> ・固定資産評価証明書（または固定資産税納税通知書課税明細書）

> **必要に応じて用意する書類**
> ・遺言書　・遺産分割協議書　・相続人全員の印鑑登録証明書

Q3 どこに申請すればいいの？

A　「相続登記は、その対象となる不動産を管轄する法務局（登記所）に申請」を出します。たとえば、東京都品川区の不動産であれば、東京法務局品川出張所が管轄になります。

> **相続登記の申請場所**
> その対象となる不動産を管轄する法務局（登記所）

Q4 費用ってどれくらいかかるの？

A　相続登記を申請する際に納める登録免許税として、**「不動産の年度価格の0.4％」**がかかります。不動産の価格次第なので、1,000円で収まる場合もあれば、100万円以上の登録免許税がかかる場合もあります。

　このほか、戸籍謄本、登記事項証明書などの各種書類の取得費用が実費としてかかります。また、司法書士などの専門家に依頼する場合は、報酬が別途かかります。

> **相続登記にかかる費用**
> 不動産の年度価格の 0.4％ ＋ 各種書類の取得費用
> 　登録免許税　　　　　　　　＋（専門家の費用）

Q5 どれくらいの期間がかかるの？

A　順調にいけば1カ月程度ですが、集める書類によって数カ月かかる場合もあります。

> **相続登記にかかる期間**　1カ月から数カ月

21

Q6 いつまでに申請しなければいけないの？

A 現在は相続登記に期限はありませんが、今後、相続登記は義務化されます（令和6年4月1日予定）。時間が経つと煩雑になる場合もあるので、早めに手続きすることをお勧めします。

Q7 登記のことがわからない初心者でもできますか？

A 相続登記を自分でやる人の大半は、これまで登記に関わったことのない初心者の人なので安心してください。とはいっても、誰にでも簡単にできる手続きということではないので、前述のチェックシートで自分でやるのが向いているかどうかを判断してください。

注）本書では、相続人以外の者に遺言書において財産を与える遺贈の手続きは解説していません。相続登記とは異なる手続きのため、費用、必要書類、登記の申請のしかたが全く違いますので、ご注意ください。

「自分でもできそう」
「せっかくだから、自分でやってみたいな」
「とにかく費用はかけたくない」
そう思った人は、ぜひチャレンジしてください！

この章の中で、何月何日に●●●をしようと決めたらここに書き込んで、実際にやったらチェックを入れましょう。

年	月	日		✓
年	月	日		✓
年	月	日		✓
年	月	日		✓

第1章 相続登記のポイントを知っておこう

第0章の診断テストで、「自分で相続登記ができるCASE」に入った人は、ここからが本番です。

相続登記には、「数多くの書類を集める」「相続人同士で協議する」はたまた「忙しくてなかなか時間が取れない」など、ちょっとした壁や簡単には進まないような難問が待ち受けているかもしれません。でも、安心してください。

本書をしっかり読み込んで、落ち着いてじっくり向きあえば、必ず解決方法は見つかります。

どうしてもうまくいかないことやわからないことがあっても、最終手段として専門家がいると思えば、案外できてしまうこともあるはずです。できることから、ひとつずつクリアしていきましょう。

1-1 相続登記をするための基礎知識

1. 不動産の名義変更には登記が必要

❶ 登記って何？

　不動産の広さや場所、不動産が誰の名義になっているのか、そういった情報を知りたいと思ったとき、どうやって調べればいいのでしょうか。

　不動産は預貯金、有価証券と並んで重要な財産です。場所が不明だったり、境界があいまいだったり、誰か知らない人に勝手に名義を書き換えられてしまったりしたら、大きな混乱を招いてしまいます。

　そういったことが起こらないように、「**不動産の情報は国が管理**」しています。具体的には、「**法務局**」という役所が管轄になります。法務局というのが正式名称ですが、「**登記所**」という通称で呼ばれることも多いので、登記所といったほうがピンとくるかもしれません。

　法務局では、「**不動産の場所**」「**種類・構造や面積**」といった不動産の物理的な情報と、「**誰の名義であるか**」という権利の情報を管理しています。「**法務局にその情報を登録することを"登記する"**」といいます。

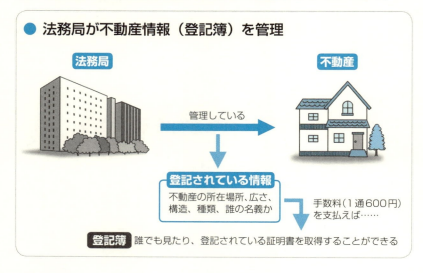

● 法務局が不動産情報（登記簿）を管理

24

❷ 名義を変えるためには登記を申請する必要がある

「**不動産の名義を書き換えるためには、法務局に登記の申請をしなければなりません**」。売買や相続で名義が変わっても、自動的に登記が書き換わるわけではありません。「**自分で登記の申請を出さなければ、不動産の名義は旧所有者（相続の場合だと亡くなった人の名義）のまま**」になってしまいます。登記をするには申請書を作成し、さまざまな添付書類が必要になります。申請をしたあと、法務局が審査をして登記は完了します。容易に名義変更の登記ができてしまうと、詐欺や誰かが勝手に登記をしたりして大きな混乱が生じることになるため、法務局も出された書類をもとに厳格に審査を行います。

「**名義が変わったことを申請しなければ正しい権利関係が反映されない**」ことになり、トラブルが生じたり売買などの取引の際に支障を来したりするので、名義が変わるようなことがあったときには必ず不動産の登記をしましょう。

≪登記をするには税金がかかる

なお登記をする際には、「**登録免許税**」という税金がかかります。無料ではありません。相続税や固定資産税とは別で、不動産の名義を変えるためだけにかかる「登録料」のようなものです。「**相続の登録免許税の税率は、固定資産評価証明書（または固定資産税納税通知書課税明細書）などに記載されてある"不動産の年度価格（評価額）の0.4％"**」です。

≪登記は司法書士に依頼しなければならない？

登記は司法書士に依頼しなければならないという誤解がありますが、必ずしも依頼しなければならないということではありません。本書は基本的に、「**自分で登記できる**」ようなしくみになっています。

本書を読みながら、登記の申請を自分でやるのは難しいなと感じたら、本書で得た知識をもとに、登記の手続きを専門に取り扱っている司法書士に依頼するようにしましょう。

❸ 相続登記は自分でできないほど難しい手続きではない

　相続の手続きは、預貯金口座の解約・名義変更をはじめとして、さまざまなところに届出をしなければなりません。それと同じように、亡くなった人が不動産を持っていた場合には、不動産の名義を書き換えるために相続による登記をしなければならないのです。

　不動産の相続による名義変更の登記（相続登記）は、金融機関の届出といったほかの手続きとは異なり、必要となる書類が多岐にわたるのと法律で定められた形式に沿って申請しなければ認められないため、非常に厳格な手続きになります。この相続登記は、素人の人が進めようとしても時間と手間がかかるため、自分で行うことを断念してしまう人も少なくありません。確かに一朝一夕にはいかないかもしれませんが、何が必要で、どういった流れで進めればいいのかを理解すれば、決して「**自分でできないような難しい手続きではありません**」。

　詳細は各章でお話ししていきますが、まずは相続登記の流れ、費用、必要な書類など、基本的なポイントをつかんでいただき、第0章での診断チェックを参考に、自分で進めていけるかどうかを判断してみましょう。

● 亡くなった人の不動産は、名義変更の「登記」が必要

被相続人

名義変更の登記が必要

相続人

まとめ

- 不動産の情報は「法務局」という役所で国が管理している
- 法務局に情報を登録する ➡ 「登記」
- 不動産の名義を変えるためには、登記をする必要がある
- 登記をするには「登録免許税」という税金がかかる
- 相続登記は専門家に依頼しなくてもいい

COLUMN

相続の登記をしないとどうなるか
～売れない不動産～

　登記をしないまま放置をしておくと後々大変な事態になることもあります。たとえば、次のようなことが起きてしまいます。

　太郎さんのお父さんが亡くなり、太郎さんはお父さんが住んでいた実家の土地と建物を売却しようと思いました。ところが実家の名義を調べてみたところ、何十年も前に亡くなった祖父の名義になっていました。不動産屋に相談すると、**「亡くなった祖父名義のままでは売れないため、まずは相続登記で太郎さんに名義を変える必要がある」**と言われました。

　そこで、祖父の相続人を調べていくと、父は3人兄弟の長男で、弟2人（太郎さんからすると叔父）もすでに亡くなっていました。叔父にはそれぞれ子どもがいたので（太郎さんからすると従弟）、その子どもたちに連絡を取ろうとしましたが、そのうちのひとりとは会ったこともなく連絡先もわかりません。ほかの子どもたちとは連絡が取れましたが、「太郎さんの名義にしてもいいけど、自分の取り分として1,000万円払ってくれるのであれば遺産分割協議書にハンコを押してもいい」と、無理難題を言われました。結局、太郎さんの名義に変えることはできず、不動産の売却はあきらめることになりました。太郎さんは住んでもいない空き家となった実家の固定資産税を払い続けることになってしまったのです。

　こういった事例は決して珍しくありません。祖父が亡くなった際に父名義に相続登記をしておけば何の問題もなかったのですが、放置したばかりに、さらにその相続人が苦労する羽目になってしまったのです。

　次々に相続が発生すれば、相続人は枝分かれして数は増えていきますし、下の代にいけばいくほど関係性も薄くなって、話しあうにも連絡先すらわからないという事態に陥ります。**「下の代に禍根を残さないためにも、相続登記は相続が発生した際にきちんとやっておく」**ことをお勧めいたします。

27

1-1 相続登記をするための基礎知識

2. 相続登記までの流れをざっと知っておこう

❶ 相続の3つのCASE

　相続登記を申請するまでの流れとしては、まず遺産にどういったものがあるか、相続人は誰かということを確定させるために調査をしなければなりません。「**分ける対象である遺産**」と「**分ける人である相続人**」が確定すれば、次に「**どう分けるかを決めていく**」ことになります。
　どのように分けるかは、大きく次の3つのCASEになります。

> A 遺言書どおりに進める
> B 法定相続で分ける
> C 遺産分割協議で決める

≪遺言書があるかないかが最初のポイント

　まず、「**遺言書があるかないか**」がひとつの分岐点となります。
　「**A遺言書があれば、故人の遺志に沿って遺言書に書かれているとおりに遺産を分ける**」ことになります。ここで注意しなくてはいけないのが、遺言書にはいくつか種類があるということです。
　遺言書が亡くなった人自身が書いた「**自筆の遺言書**」の場合、保管場所が法務局以外だと裁判所で「**検認**」という手続きが必要になるので、公証役場で作成してもらった「**公正証書遺言**」に比べてひと手間加わります。
　遺言書がない場合には、「**法律で決まった持分どおりに分ける"B法定相続"**」で進めるか、「**特定の相続人に相続させるなど、法定相続とは異なる方法でしたければ"C遺産分割協議"**」で進めるかのいずれかになります。

≪相続財産に不動産があるかないかもポイント

　法定相続による場合、相続人がひとりならいいですが、複数いると全

員で遺産を共有することになるため、遺産の中に不動産があるCASEには向きません。預貯金や現金のように単純に分けられるものだけならいいですが、**「不動産のように分けることが難しいものは、特定の相続人の名義にすることが一般的」**です。相続人全員で不動産を持ちあうと、いずれ売却するときなどに全員が賛成しなければ進まなかったり、それぞれに相続が発生して所有者の数がどんどん増えてしまい、収拾がつかなくなってしまいます。

❷ 相続登記までの大まかな流れ

遺産の調査や必要書類を集めるのはどの手続きをとっても共通ですが、自筆の遺言書がある場合や遺産分割協議をする場合は、別途必要な手続きが加わります。つまりスタートとゴールは同じですが、そこに行きつくまでの手続きが若干異なります。

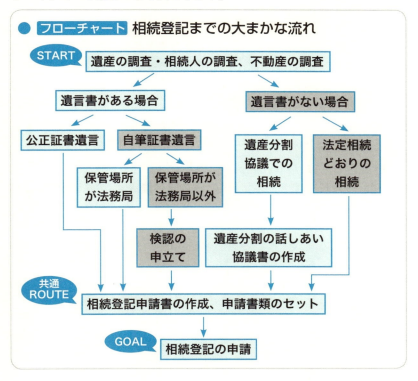

❸ 手続きの難易度

≪残された相続人がもめないのは「公正証書遺言」

　前頁のチャートを見てわかるように、法務局で保管されていない自筆証書遺言のCASEと遺産分割協議のCASEは、ほかのCASEに比べて手続きが増えるので手間も時間もかかります。ざっくりいうと、最も手続きが簡単なのは公正証書遺言があるCASEです。そもそも、**「公正証書遺言は、残された相続人がもめることのないようスムーズに手続きが行えるように作成するもの」**ですから、手続きも1番簡単なのです。

≪話しあいが不要な分、簡単に進められる「法定相続」

　「法定相続は、相続人間での話しあいが不要なので、書類さえそろえば手続きが進められる」ことになります。

≪まとめるのが最も難しい「遺産分割協議」

　一方、**「遺産分割協議の場合は、"遺産分割協議書"の作成が必要になる」**ので、法定相続に比べるとひと手間加わります。協議がまとまればさほど難しい手続きではありませんが、相続人間でもめたり、連絡が取れない相続人がいたりすると、難易度は最上級まで上がります。専門家に間に入ってもらったほうがいいかもしれません。

≪遺言書が使えないかもしれない「自筆証書遺言」

　「法務局で保管されていない自筆証書遺言の場合は、公正証書遺言とは異なり、裁判所への"検認の申立て"が必要」となります。検認という手続き自体はさほど難しいものではありませんが、自筆証書遺言は作成段階で専門家のチェックを受けていないので、不備が多いことがよくあります。せっかく遺言書があっても手続きで使えない場合もあるため、その判断も専門家でないと難しいかもしれません。

法務局で保管された遺言書は、裁判所への検認は不要です。

● 各手続きの難易度一覧

相続パターン	難易度	詳細
公正証書遺言	★	集める書類の数が少ない
法定相続	★★	相続人の話しあいが不要で、書類を集めるだけ
遺産分割協議	★★★	相続人同士がもめなければ比較的スムーズ。もめると難易度が上がる
自筆証書遺言	★★★★	裁判所に検認の申立てが必要なCASEもあり、遺言書に不備がある場合は手続きで使えない

COLUMN

遺言書のススメ

「**円満でスムーズな相続手続きを進めるには、生前に遺言書を作成しておくことが1番**」です。ただ、相続対策のために遺言書をつくっておきましょうと提案すると、「いやいや、私には財産がないから」「うちは家族みんな仲がいいから大丈夫」「縁起でもないよ」といった回答がよく返ってきます。よくある誤解なのですが、遺言書はお金持ちだけがつくるものではありません。「財産がないから遺言書の必要がない」と言う人は多いのですが、預貯金がゼロということはないでしょうから、まったく財産がないということはまずありません。「**最も争いが多いのが、遺産が自宅不動産だけ、預貯金数百万円だけといった場合**」です。そのかぎられた遺産を巡って争うのが普通なのです。むしろ資産がある人ほどきちんと生前に相続対策をしていたり、顧問弁護士がいたりするので、意外と争いにまで発展しないものなのです。

また相続がはじまってからの手続きにおいても、前述のように公正証書遺言があれば集める書類も少なく、非常にスムーズに相続登記を進めることができます。公正証書遺言は相続人間の争いを避けることができるという点以外でも、相続人に手続き面で負担をかけさせないというメリットもあります。「**仲がいい家族だからこそ、相続をきっかけに"争族"にならないように、事前対策として遺言書の作成をお勧めします**」。

1-1 相続登記をするための基礎知識

3. 相続登記をするために必要な書類

❶ 相続登記は法務局で審査がある

　相続登記の申請には、さまざまな書類を用意して法務局に提出しなければなりません。前述したとおり、法務局で正しい申請かどうかを審査するためにも、その根拠となる書類を提出しなければならないのです。そして、その書類は申請する人がすべて用意しなければなりません。法務局があなたの相続登記に必要な情報を調べたり、書類を取り寄せてくれたりはしません。「**法務局では、提出された書類からしか審査をしないので、不足している書類や申請内容に不備があると審査は通らずに相続登記ができなくなってしまう**」ので、注意が必要です。

❷ 提出する必要な書類を集めよう

　登記を申請する前に、まずは必要な書類を集めましょう。次頁の表にまとめたので、何が必要でどれが足りないかチェックしていきます。
　書類は、「**自分で作成するもの**」と「**役所で取得するもの**」の2つに分かれます。「自分で作成する書類」は第6章、第8章で作成のしかたを詳しくお話しします。
　「役所で取得する書類」は、近場であれば役所の窓口に行って取得できます。遠方の場合は郵送で取得することになります。郵送の場合は、小為替や返信用封筒など準備するものが増えるうえ、送られてくるまで時間がかかるので「**どこの役所で取得するのかも確認**」しておきます。
　提出書類のうち、取得するのに「**特に苦労するのは、"亡くなった人の出生から死亡するまでのすべての戸籍謄本（除籍謄本、改製原戸籍謄本)"**」です。引越しや結婚などで本籍を移していれば、何カ所もの役所に申請しなければなりません。思っているよりも時間がかかり、数カ月かかるようなCASEもあります。書類集めは、十分に余裕を持って進めるようにしましょう。

● 相続登記を申請する際に必要な書類一覧

書類名	取得できる場所
登記申請書	自分で作成
相続関係説明図	自分で作成
収入印紙	法務局、郵便局など
亡くなった人の戸籍謄本（除籍謄本、改製原戸籍謄本） ❶ 遺言書がある場合 　亡くなった人の死亡記載がある戸籍謄本 　（または除籍謄本） ❷ 遺言書がない場合（法定相続、遺産分割協議） 　出生から死亡までのすべての戸籍謄本 　（除籍謄本、改製原戸籍謄本）	市区町村役場
亡くなった人の住民票除票（または戸籍の除附票）	市区町村役場
相続人全員の戸籍謄本（または戸籍抄本）	市区町村役場
不動産を相続する相続人の住民票 （または戸籍の附票）	市区町村役場
遺産分割協議書（遺産分割協議をした場合）	自分で作成
相続人全員の印鑑証明書（遺産分割協議の場合）	市区町村役場
遺言書（遺言書がある場合。法務局で保管されていない自筆証書遺言の場合は検認済みのもの）	
不動産の固定資産評価証明書（または固定資産税納税通知書課税明細書）	都税事務所 市区町村役場
委任状（代理人に依頼する場合）	自分で作成

※ 戸籍謄本や固定資産評価証明書などを郵送で取得することも可能ですが、別途、郵便局で小為替を購入したり、返信用封筒を用意したりする必要があります。
※ 上記のほか、登記申請の添付書類ではありませんが、遺産調査のために、「法務局で登記事項証明書」や「市区町村役場で名寄帳」を取り寄せる場合もあります。

まとめ

- 相続登記にはさまざまな書類が必要
- 書類はすべて申請する人が用意しなければならない
- 書類は「自分で作成するもの」と「役所で取得するもの」がある
- 亡くなった人の戸籍謄本（除籍謄本、改製原戸籍謄本）を集めるのに時間がかかる

1-1 相続登記をするための基礎知識

4. 費用はどれくらいかかるのか

❶ 相続登記にかかる費用

相続登記にかかる費用は、大きく分けて「**実費**」と「**専門家への報酬**」の2つになります。つまり、「**相続登記にかかる費用＝実費＋専門家への報酬**」となります。自分自身で手続きを進める場合は、専門家への報酬は必要ありません。「実費」は、専門家に依頼してもしなくても、誰が行ってもかかる費用です。

≪実費

実費は、不動産の価格や戸籍謄本などの取得通数によって、費用は変わります。一律いくらとお伝えできませんが、不動産の年度価格から登録免許税を計算することになるため、不動産の価格がいくらかによって大きく変わります。登録免許税が数千円（最低額は1,000円）のCASEもあれば、数十万円または100万円を超えるようなCASEもあります。

≪専門家への報酬

専門家への報酬は、専門家に依頼した場合にのみかかります。専門家とは、弁護士や司法書士のことです。依頼した事務所や地域、相続の煩雑さによって報酬は異なりますが、一般的には司法書士だと5万〜10万円前後、弁護士だと10万円〜の事務所が多いようです。

● 登録免許税の計算例

不動産の価格	登録免許税	不動産の価格	登録免許税
1,000万円	4万円	1億円	40万円
3,000万円	12万円	3億円	120万円
5,000万円	20万円		

※ 不動産の価格：国が定めた固定資産税を決めるための基準となる価格。売買での取引価格や時価、路線価より低額の場合が多い。

● 相続登記を申請する際に必要な書類一覧

例 不動産の価格が1,000万円の場合

戸籍謄本1通、除籍謄本1通、改製原戸籍謄本1通、戸籍の附票1通、住民票1通、固定資産評価証明書1通、印鑑登録証明書1通、登記事項証明書1通を取得した場合。

※ 不動産の価格や取得した戸籍謄本などの通数によって変わります。

費用項目	金額（計算方法）
登録免許税（登記の名義を書き換えるためにかかる税金）[※1]	不動産の年度価格（評価額）の0.4% **例** 1,000万円なら4万円
戸籍謄本、住民票などの取得にかかる費用	戸籍謄本：1通450円 除籍謄本：1通750円 改製原戸籍謄本：1通750円 戸籍の附票：1通200〜300円 住民票：1通200〜400円[※2]
印鑑登録証明書	1通300円[※2]
固定資産評価証明書（または固定資産税納税通知書課税明細書）、名寄帳	1通200〜400円[※2]
登記事項証明書	1通600円
そのほか、交通費、郵送費、小為替手数料など	
合計	4万3,450円〜

※1 相続税や固定資産税とは別の税金です。
※2 取得する市区町村役場によって費用が変わります。固定資産評価証明書や名寄帳は市区町村役場によって無料のところもあります。

マイナンバーカードを利用して、住民票・戸籍謄本・印鑑証明書などをコンビニのキオスク端末（マルチコピー機）から取得することが可能になりました。
コンビニ交付だと、窓口よりも取得費用が安く、夜間や休日でも取得できます。
市区町村によって取り扱いが異なるので、詳細は市区町村役場に確認してください

まとめ

- 相続登記の費用は大きく分けると「実費」と「専門家への報酬」の2つになる
- 実費のうち、大きいのは登録免許税
- 登録免許税は、不動産の年度価格の0.4%
- 不動産の価格に応じてトータル費用は大きく変わる

1-2 タイムテーブルで知る相続登記の流れ

1. 相続登記のスケジュール

❶ 相続登記完了まで何日ぐらいかかる？

　相続登記までの大きな流れについて理解して、どんな書類が必要なのか把握できたら、いよいよ相続登記の申請段階のスケジュールを見ていきましょう。

　まず不動産を管轄する法務局へ相続登記の申請書類を提出しますが、提出したらその場で相続登記が終わるわけではありません。書類提出後、申請内容を法務局がチェック、審査します。審査が終わると、無事相続人の名義に変わります。この**審査が終わるまで約1週間**かかります。ただし法務局の混み具合にもよるので、もっと早く審査が終わることもあれば（筆者の受任した案件では申請したその日の夕方に終わったこともありました）、10日またはそれ以上かかることもあります。

　「**最も時間がかかるのは"相続登記に必要な書類を用意する"こと、いわゆる準備のための時間**」です。

❷ 公正証書遺言による相続は早い

　28頁でお話しした3つの相続CASEのうち、公正証書遺言による遺言書で進めていく場合は、用意する書類も少なく遺言書の検認や遺産分割協議も不要であるため、準備期間が短くなります。また遺産の調査などは、生前に故人が行ったうえで遺言書を作成している場合がほとんどなので、それほど時間はかからないのが一般的です。

まとめ
- 必要な書類の用意など準備に時間がかかる
- 相続登記は申請を出してもすぐには終わらず、1週間くらい審査期間がかかる

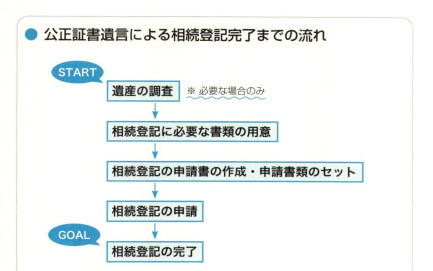

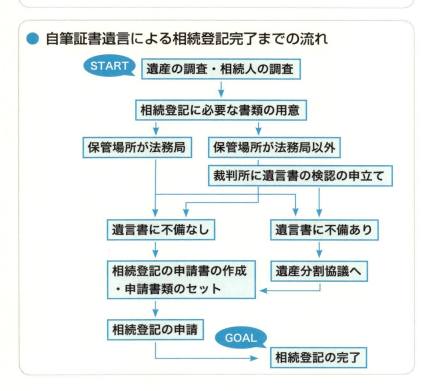

（次頁に続く）

● 法定相続による相続登記完了までの流れ

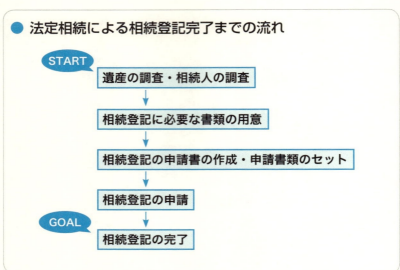

● 遺産分割協議による相続登記完了までの流れ

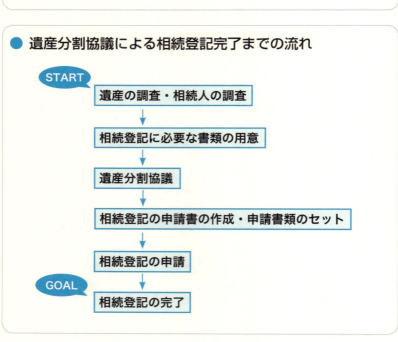

1-2 タイムテーブルで知る相続登記の流れ

2. 最短1カ月で終わらせる場合のタイムテーブル

❶ 相続登記のタイムテーブル

　不動産の所在が近場で遺産分割協議を行う場合、最短1カ月で終わらせるタイムテーブルを例として見てみましょう。日数には幅を持たせていますが、各々の事情によって日数は多少前後することはあるかと思います。急ぎの場合は前倒しでドンドン進め、余裕を持ったスケジュールを組むようにしてください。

　スケジュールは、主に亡くなった人の戸籍謄本（除籍謄本、改製原戸籍謄本）の取得の日数によって左右されます。ずっと同じ本籍だった人は集める場所も少なく、1カ月よりもさらに短い期間で終わらせることができるでしょう。遺産分割協議を進めていくうえで、誰が相続するかでもめると、どんどん時間はすぎていきます。「**いきなりほかの相続人に遺産分割協議のことを持ち出すよりも、あらかじめそれとなく話を通しておくようにして、ことがスムーズに運ぶようにするといい**」でしょう。

　「**急いで相続登記を行うには、相続登記を申請するまでの準備期間をいかに短くするかが鍵となる**」ので、初日からできるかぎりのことを進めてください。必要書類の取得は郵送で行うこともできますが、近場の場合は窓口に出向いて取得したほうが時間を節約することができます。平日動くことができる人は足を使って時間を短縮しましょう。

まとめ

- 亡くなった人の戸籍謄本（除籍謄本、改製原戸籍謄本）をいかに早く集めるかが鍵
- 効率よく進めるためにも初日からできるかぎりのことを進めておく
- 遺産分割協議について相続人にあらかじめ話を通しておく

● 遺産分割協議で相続登記をする場合のタイムテーブル

スケジュール	やること
1日目〜20日目	**すべての不動産を確認して必要書類を取得する** ・法務局で不動産の「登記事項証明書」を取得して現在の名義を調べる ・不動産の「固定資産評価証明書」を市区町村役場、都税事務所などで取得する ・亡くなった人の「戸籍謄本（除籍謄本、改製原戸籍謄本）」「住民票除票」などを集める ・相続人の「戸籍謄本」「住民票」「印鑑登録証明書」の取得
10日目〜20日目	**遺産分割協議をする** ・相続人間で遺産の分け方の話しあいをする ・遺産分割協議書を作成する ・遺産分割協議書に相続人全員の署名捺印をする
21日〜22日目	**登記申請書類の用意** ・相続登記の申請書を作成する ・申請書と取得した書類をあわせて、申請書類のセットを作成する ・収入印紙を買っておく
23日目	法務局にて相続登記の申請を行う
31日目	**相続登記の完了** ・完了後の書類を受け取る ・完了後の「登記事項証明書」を法務局で取得する

何事も事前準備が大事です。ほかの相続人にはそれとなく話を切り出しておきましょう。

1-2 タイムテーブルで知る相続登記の流れ

3. 相続登記の取扱説明書

❶ 自分で相続登記をするのに向く3つのキーワード

　自分で相続登記をするのに向く相続というのは、ズバリ「**財産（お金）・人・時間**」の3つがキーワードとなります。財産と人（相続人の数や関係性）がシンプルであれば、時間もさほどかからずスムーズに手続きが進みます。逆にいうと、相続登記を進めていくうえで障害となる主な問題点が、「**財産（お金）**」「**人**」「**時間**」に関連することなのです。

● 相続登記の3大お悩み項目「財産（お金）」「人」「時間」

≪ 財産（お金） ≫ 大きな資産と複雑な資産は手間がかかる

　相続を複雑にさせる原因のひとつとして、遺産が多い、高額である、資産内容が複雑であるなどが挙げられます。第0章の診断チェックシートでいうと、最初の3つの「**主な遺産は不動産（自宅）と預貯金であるか**」「**不動産の場所が近場かどうか**」「**相続税がかからない**」が該当します。遺産に株式やそのほかの高価な資産、自宅以外の投資用不動産などが多数あって、それらが遠方にあったりすると遺産の特定だけでも大変です。
　調査時間だけでなく、相続人間でどのように分けるかを決めるのにも時間がかかります。また、相続税がかかる場合はどのように分けるかに

41

よって支払う税金が変わってくるので、税理士などの専門家に相談しながら進めるほうが得策といえます。

遺産については、第2章64頁で詳しくお話しします。

≪ 人 ≫ 相続人が多ければ多いほど大変

チェックシートの中ほどにある、「相続人の数は3人以下である」「相続人の中に、外国籍の人、行方不明者、認知症の人がいない」「相続人間で誰が相続するかは話しあいがついている」「次々に相続が発生していない」が該当します。

相続人があなたひとりであれば何の問題もありません。しかし、人数が多いほど手続きは大変になってきます。用意する書類が増え、署名捺印にもひと苦労で手間も時間もかかります。最悪、相続人間で話しあいがまとまらなければ手続きが進まないという事態にもなりかねません。さらに不動産の名義が祖父母名義になっていたり、次々に相続が発生したりすれば、相続人は芋づる式に増えていきます。相続人の中には疎遠な人や連絡が取れない人もいるかもしれません。そうなるとあなたひとりでの解決は難しくなるので、専門家に依頼したり、調停や裁判で解決を図ったりするほかないという事態になることもあります。

相続人については、第2章49頁で詳しくお話しします。

≪ 時間 ≫ 自分の都合だけでは進まない

チェックシートの後半部にあたる「**自筆の遺言書がない**」「**ある程度の時間が取れる**」「**細かいことが苦にならない性格である**」が該当します。

相続登記の申請はさまざまな書類が必要です。単純に窓口で申請用紙1枚を出せば終わりということはありません。スムーズにいったとしても、1カ月程度はかかると思ってください。仕事などで日中に時間が取れないという人は、もっと時間がかかります。

さらに法務局で保管されていない自筆の遺言書の場合は、裁判所に「検認」という手続きを申立てなければなりません。すべてをひとりで進めると非常に時間がかかります。また、書類は誤字脱字や間違いがないように1つひとつ確認をしなければならず、細かい作業になります。細かい作業が苦手という人は専門家に依頼したほうがいいかもしれません。

遺言書については、第3章73頁、第7章220頁で詳しくお話しします。

この章の中で、何月何日に●●●をしようと決めたらここに書き込んで、実際にやったらチェックを入れましょう。

年	月	日		✓
年	月	日		✓
年	月	日		✓
年	月	日		✓

第2章 知らないと損をする相続の常識

　相続登記に取りかかる前に、相続の基礎知識をざっとおさらいしてみましょう。

　インターネットなどのさまざまな情報源から、すでに相続のことを何となくわかっているという人も多いかと思いますが、正確に知ることが相続登記においては重要です。

　本章では、相続の基本的な流れや、誰が何をどれくらい相続できるのかについてお話しします。まずはざっとでかまわないので、ひととおり目を通してみてください。その後、第3章以降の具体的な各種手続きにおいて不明な点があれば、本章に戻って相続関係を把握し、現在誰のどの手続きについて進めているのかを整理してください。

　また相続のことを正確に理解できていれば、今回の相続登記の手続きだけでなく、今後、遺言や相続税対策を検討する際にも大いに役立つでしょう。身につけておいて損はないので、相続の基本をしっかり頭に叩き込んでください。

2-1 知らないと損をする相続の常識 ❶

1. 相続の基本的な流れ

❶ やらなくてはいけないことの順番

　相続が開始して葬儀が終わったと思いきや、悲しみに暮れていられるのはつかの間、その後はさまざまな手続きを行わなければなりません。手続きの中には期限が決められているものもあるので、速やかに進めていってください。

　まずは大まかな流れをつかみ、期限が近いものから片づけていきましょう。年金や健康保険などは、届出が遅れると後々返金や還付の手続きが必要になります。相続開始後できるだけ速やかに手続きをするようにしましょう。すでに各種届出・手続きをはじめたり、完了している人もいるかもしれませんが、次々頁の「**死亡に伴う諸手続きチェックリスト**」を参考に、もれがないか再チェックしておいてください。

　チェックリストには、「すべての人に必要な手続き」と、「該当する人のみ必要な手続き」が載っています。該当するかどうかの要件は、各種手続き先に確認しながら進めていくようにします。

● 相続開始から不動産など各種名義変更手続きまでの流れ

START

死亡 　　相続発生！

↓

葬儀

↓

各種届出・諸手続き（遺産に該当するもの以外）

↓

相続人の調査、遺産の調査、遺言書の有無の調査

↓ 相続がはじまったことを知った日（死亡日）から3カ月以内

相続放棄・限定承認の検討・手続き（第9章）

↓

遺産分割協議（第6章）

> 「遺言書がない」
> 「法定相続どおりに相続しない」場合には、
> 「遺産分割協議」で、
> どのように遺産を分けるかを話しあいます

↓ 相続がはじまったことを知った日（死亡日）の翌日から4カ月以内

準確定申告（該当する人のみ）

↓ 相続がはじまったことを知った日（死亡日）の翌日から10カ月以内

相続税の申告（該当する人のみ）

↓

GOAL

預貯金、株式、不動産など各種名義変更の手続き

※ それぞれの手続きは前後する場合や同時並行の場合もあります。

● 死亡に伴う諸手続きチェックリスト

✓	手続き名	期限	手続き先	備考
✓	死亡届、死体火葬・埋葬許可申請	死亡を知った日から7日以内	市区町村	
✓	年金受給停止	死亡から10日以内（国民年金は14日以内）	年金事務所 市区町村	
✓	後期高齢者医療資格喪失届	死亡から14日以内	市区町村	
✓	国民健康保険資格喪失届	死亡から14日以内	市区町村	
✓	介護保険資格喪失届	死亡から14日以内	市区町村	
✓	雇用保険受給資格者証の返還	死亡から1カ月以内	ハローワーク	死亡時雇用保険を受給していた場合
✓	所得税準確定申告	死亡を知った日の翌日から4カ月以内	亡くなった人の住所地の税務署	
✓	相続税の申告	死亡を知った日の翌日から10カ月以内	亡くなった人の住所地の税務署	基礎控除を超え、相続税の申告が必要な場合
✓	生命保険金の請求	死亡から2年以内	保険会社	
✓	国民年金の死亡一時金請求	死亡から2年以内	市区町村	
✓	国民健康保険加入者の葬祭費請求	葬儀から2年以内	市区町村	喪主が請求する。葬儀費の領収書が必要
✓	健康保険加入者の埋葬料請求	死亡から2年以内	健康保険組合 社会保険事務所	
✓	労災保険の埋葬料請求	葬儀から2年以内	労働基準監督署	要件あり
✓	高額医療費の死後申請	対象の医療費の支払いから2年以内	市区町村 健康保険組合 社会保険事務所	

✓	手続き名	期限	手続き先	備考
✓	国民年金の遺族基礎年金請求	死亡から5年以内	市区町村	
✓	国民年金の寡婦年金請求	死亡から2年以内	市区町村	
✓	厚生年金の遺族厚生年金請求	死亡から5年以内	年金事務所	
✓	労災保険の遺族補償給付請求	死亡から5年以内	労働基準監督署	

　下記の手続きについては、必要に応じて、相続開始後速やかに手続きを進めてください。

✓	手続き名	期限	手続き先
✓	公共料金の名義変更	相続開始後速やかに	電力会社、ガス会社など各会社に問いあわせ
✓	クレジットカード	相続開始後速やかに	各契約先に連絡して解約・破棄
✓	携帯電話	相続開始後速やかに	各契約先に連絡して解約
✓	運転免許証	相続開始後速やかに	最寄りの警察署に返還
✓	パスポート	相続開始後速やかに	都道府県旅券課に返却

　遺産については、誰がどのように相続するかが決定してから各種名義変更の手続きを行うこととなります。遺言書の有無、法定相続分どおりに相続するのか、遺産分割協議で決めるのか、どのような相続のやり方で進めるのか、方向性が定まった後に、各名義変更の手続きを行います。預貯金、株式、不動産などの名義変更手続きの期限は決まっていませんが、通常はどのように相続するか確定した後、速やかに行います。

相続確定後に速やかにやらなくてはいけない名義変更については、次頁を参照してください。

47

● 相続確定後速やかに行う名義変更

✓	名義変更が必要なもの	期限	手続き先
✓	預貯金	相続開始後速やかに	各金融機関
✓	株式などの有価証券	相続開始後速やかに	各証券会社
✓	不動産※1	相続開始後速やかに	管轄の法務局
✓	電話加入権	相続開始後速やかに	NTT
✓	ゴルフ会員権※2	相続開始後速やかに	各ゴルフクラブ
✓	（普通）自動車所有権	相続から15日以内	陸運局支局

※1 令和6年4月1日からは、相続登記の申請が義務化されます。不動産を取得したことを知った日から3年以内に相続登記の申請をしなければなりません。
※2 クラブによっては名義変更できない場合もあります。

まとめ

- 相続の手続きには期限が定められているものがある
- 預貯金などの名義変更は期限がないが、相続の方法が確定したら速やかに手続きを進める

COLUMN

相続税の申告が必要なら要注意！

該当する人のみ必要な手続きの最たるものが「**相続税の申告**」です。相続財産が基礎控除を超える人が対象となります。

$$基礎控除 = 3,000万円 + 600万円 \times 法定相続人の数$$

　相続財産が基礎控除を超えたとしても、自宅不動産であれば小規模宅地の特例を適用するなど、相続税がかからないCASEもあります。素人判断では難しいので、相続財産が基礎控除を超えそうな場合または超えることが確実な場合には、税理士に相談することをお勧めします。
　なお相続税の申告は、死亡を知った日の翌日から10カ月以内と期限が決められています。想像しているよりも調査・検討に時間がかかるので、速やかに着手しましょう。

2-2 知らないと損をする相続の常識 ❷

1. 相続人は誰だ！

❶ 誰が相続人か？

　法定相続や遺産分割協議での相続手続きを進めるにあたり、誰が相続人になるのかということをはっきりさせなければ、その先の手続きに進むことができません。「**相続人がひとりでも欠けた状態で遺産分割協議をしても、その協議は無効**」になってしまいます。

　誰が亡くなった人の相続人にあたるのかは、民法という法律により決められています。相続人は大きく分けると、「**配偶者**」と「**血族（血縁者）**」に分かれます。「**相続人**」「**被相続人**」というのは、次のように定義されています。本書でも相続人、被相続人という表現を使用します。

> 相 続 人　法律上相続する権利がある人のこと
> 被相続人　法律上亡くなった人のこと

≪相続人の立場はどうやって決まる？

　「子」「父母」「兄弟姉妹」などは、「**すべて亡くなった人から見て、どういう関係性にあるか**」で考えます。

❷ 相続人になれる人

≪ 配偶者 常に相続人になる

　配偶者（夫や妻）の一方が亡くなった場合、他方の「**配偶者は常に相続人**」になります。夫が亡くなった場合、その配偶者である妻は常に相続人です。ここでいう「**配偶者とは、法律上（戸籍上）婚姻関係にある者のことを指すので、離婚した前妻や内縁の妻は含まれません**」。

49

≪ 血族 ≫ 順位の優先があり、誰でも相続人になれるわけではない

血族とは、「**父、母、子（養子縁組した子も含む）などの血縁者のこと**」をいいます。血族であれば誰でも相続人になれるかといえばそうではなく、一定の人しか相続人にはなれません。また、「**血族の相続人には、関係性が濃い順に順位が決められています**」。

❸ 血族相続人の順番

≪第1順位≫ 子

子には、実子だけでなく、養子縁組をした子も含まれます。「**婚姻関係にない男女から生まれた非嫡出子も、嫡出子と同様に相続権があります**」。認知されていない子は父子関係が認められないため、父親の相続人にはなれません。

| 子が先に亡くなっている場合 | ⇒ 孫 |
| 子も孫も先に亡くなっている場合 | ⇒ ひ孫 |

が相続人になります

≪第2順位≫ 父母

| 父母が先に亡くなっている場合 | ⇒ 祖父母 |
| 父母も祖父母も亡くなっている場合 | ⇒ 曽祖父母 |

が相続人になります

≪第3順位≫ 兄弟姉妹

兄弟姉妹には、「**父母のうち片方だけを同じくする半血兄弟姉妹も相続人に該当**」します。片親が同じ兄弟姉妹の相続割合は、両親を同じくする兄弟姉妹の半分の相続割合となります。

| 兄弟姉妹が先に亡くなっている場合 | ⇒ 甥、姪が相続人になります |

≪具体的に順番を追ってみよう

「**第1順位の子がいれば、子が相続人になり、第2順位以下の人は相続人になりません**」。なお、子が先に亡くなっている場合は、その下の世代が相続人の権利を引き継ぐことになるため、孫が相続人に該当します。

さらに、子も孫も先に亡くなっている場合はひ孫が引き継ぐことになります。

第1順位の子（または孫、ひ孫）がいなければ、権利は第2順位の父母に移ります。父母が先に亡くなっている場合は、その上の世代が相続人となり、祖父母が相続人に該当します。祖父母も亡くなっている場合は曽祖父母が相続人になります。

さらに、「**第1順位の"子（または孫、ひ孫）"も第2順位の"父母（または祖父母、曽祖父母）"もいなければ、権利は第3順位の"兄弟姉妹"に移る**」というしくみです。

❹ 具体的な相続人を確認しよう

誰が相続人に該当するのか、簡単な事例をもとに、具体的に相続のCASEを見ていきましょう。

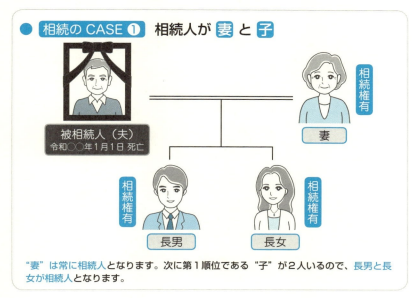

"妻"は常に相続人となります。次に第1順位である"子"が2人いるので、長男と長女が相続人となります。

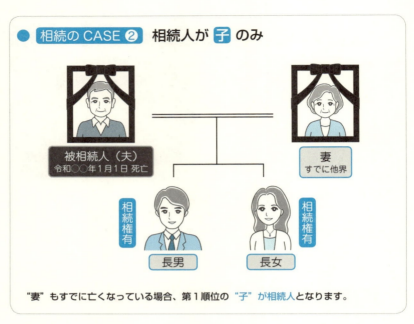

"妻"もすでに亡くなっている場合、第1順位の"子"が相続人となります。

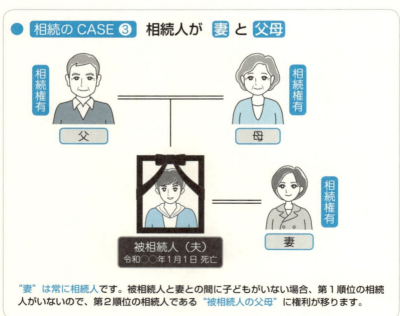

"妻"は常に相続人です。被相続人と妻との間に子どもがいない場合、第1順位の相続人がいないので、第2順位の相続人である"被相続人の父母"に権利が移ります。

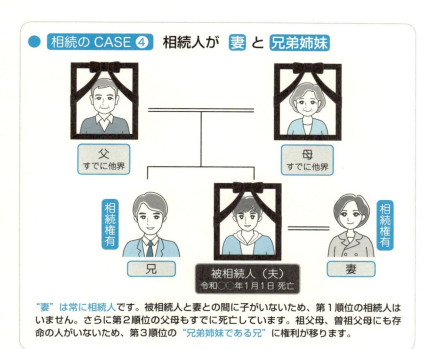

"妻"は常に相続人です。被相続人と妻との間に子がいないため、第1順位の相続人はいません。さらに第2順位の父母もすでに死亡しています。祖父母、曽祖父母にも存命の人がいないため、第3順位の"兄弟姉妹である兄"に権利が移ります。

❺ 相続人が亡くなっている場合

相続人が亡くなった場合には、2つのCASEがあります。亡くなった人よりも先に相続人が亡くなったのか、後に亡くなったのかで相続人になる人が変わってきます。

Ⓐ 被相続人よりも先に相続人が亡くなった場合（代襲相続）

亡くなった人よりも先に相続人が亡くなった場合、第1順位であれば、子のさらに下の世代である孫が相続人に該当します。子の相続人である権利を孫が代襲して引き継ぐことになります。このようなCASEを「代襲相続」といいます。

たとえば、次頁の相続の CASE ❺ を見てみると、亡くなった人（被相

続人)よりも先に長男が亡くなっています。この場合を考えてみましょう。

まず、「**亡くなった人の配偶者である妻は常に相続人**」です。

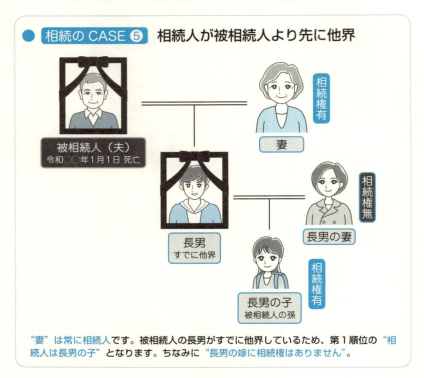

≪第1順位 の子が被相続人よりも先に亡くなっている

次に、血族の相続人である子は長男ひとりでしたが、長男は被相続人よりも先に亡くなっています。こういったCASEでは、子の子、つまり**「被相続人から見た孫が相続人」**に該当します。相続人であった長男の子(孫)がいれば、長男の代わりに相続人になります。よって、「**相続人は妻と孫**」ということになります。「**長男の妻は相続人に該当しません**」。

さらに孫も被相続人よりも先に亡くなっている場合には、ひ孫に代襲して引き継がれます。このようにどんどん下の世代に代襲されていくことになります。

≪第2順位≫の父母が被相続人よりも先に亡くなっている

　第2順位の相続人である父母が先に亡くなっている場合は祖父母、さらに祖父母も亡くなっている場合は曽祖父母といったように、上の世代にさかのぼっていくことになります。もっとも、祖父母や曽祖父母が相続人になるCASEは年齢的に考えると稀です。

≪第3順位≫の兄弟姉妹の先はどこまで続く？

　第3順位の兄弟姉妹については、兄弟姉妹が他界している場合には、兄弟姉妹の子である甥、姪までは代襲するので相続の権利を引き継ぐことになりますが、さらにその先までは代襲しません。甥や姪一代かぎりです。つまり、「**甥、姪までにしか相続権はない**」ということになります。「**被相続人から見て、叔父、叔母やいとこには相続権はありません**」。

❸ 被相続人よりも後に相続人が亡くなった場合（数次相続）

　亡くなった人よりも後に相続人が亡くなった場合は、次々に相続が発生したという意味で「**数次相続**」といいます。数次相続の場合には、いったん相続人は亡くなった人（被相続人）の相続人である地位を得ているので、相続人のさらにその相続人が権利を引き継ぐことになります。

　次頁の相続の CASE ❻ を見てみると、被相続人が令和2年1月1日に亡くなり、その時点で相続人だった長男が令和2年2月1日に死亡したことになっています。

　「**亡くなった人の配偶者である妻が相続人**」であることは、先ほどと変わりません。問題は血族の相続人ですが、「**死亡日の令和2年1月1日時点で長男は生きていますから、相続人は妻と長男**」です。その後、長男が令和2年2月1日に死亡しました。長男の相続を考えると、「**長男の妻と長男の子（被相続人から見ると孫）が相続人に該当**」します。

　被相続人の相続に戻って考えると、「**長男の相続人である長男の妻と長男の子が、被相続人の相続人である地位も長男から引き継いだことになる**」ので、この場合の相続人としては、妻、長男の妻、長男の子（孫）の3名となります。

つまり、「**相続人である長男が亡くなった日が被相続人より先か後かで、長男の妻が相続人に該当するかが異なってきます**」。先であれば長男の子だけが相続人になり、後であれば長男の子と一緒に長男の妻も相続人になります。

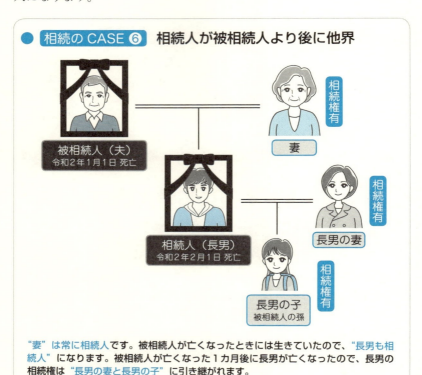

● 相続のCASE❻　相続人が被相続人より後に他界

"妻"は常に相続人です。被相続人が亡くなったときには生きていたので、"長男も相続人"になります。被相続人が亡くなった1カ月後に長男が亡くなったので、長男の相続権は"長男の妻と長男の子"に引き継がれます。

COLUMN

養子の子は代襲相続人になれる？

　養子縁組をすると、法律上、血がつながっていない者との間で実の親子と同じ関係が成立することになります。よって、養子も嫡出子として血がつながった子と同様に相続人になります。

ところで、53頁で子が被相続人より先に亡くなっていた場合は、代襲相続で子の子（被相続人から見て孫）が相続人になるとお話ししましたが、養子が先に亡くなっている場合、養子の子も同様に代襲相続することができるのでしょうか。結論からいうと、養子縁組の前に生まれた子かどうかで相続人になる場合とならない場合があります。「**養子縁組の後に生まれた養子の子（孫）は、被相続人と血族関係が生じることとなり、代襲して相続人になります**」。一方、養子縁組の前に生まれた養子の子は、当然、養親との間に血族関係を生じるものではないので、代襲して相続人になることはありません。

COLUMN

事実婚の場合や内縁の妻に相続させたい場合

　配偶者である妻は常に相続人になりますが、前述のように、ここでいう「**"妻"とは、法律上（戸籍上）婚姻関係にある妻のこと**」です。

　事実婚（籍を入れない）の場合など、「**内縁の妻には相続権がありません**」。事実婚の場合など、内縁の妻に財産を引き継がせたいときは、生前に次の２つの方法のいずれかをしておきます。

　A　遺言書を作成する
　B　生前贈与で名義を移しておく

「**遺言書を作成する場合は、相続人から遺留分を請求される可能性もあるので、十分に検討のうえ作成**」しましょう。たとえば、すべての財産を内縁の妻に相続させるという内容の遺言をした場合、相続人から反発を招きやすいので配慮が必要です。なお、内縁の妻には相続権はありませんが、「**相続人がいなかった場合は"特別縁故者"として（58頁参照）遺産の全部または一部を取得できる可能性**」があります。

COLUMN

身寄りがない人の相続はどうなる？

　第3順位の相続人まで誰も相続人がいなかった場合、相続財産は誰のものになるのでしょうか。

　相続人がまったくいない場合は、裁判所によって、相続財産を管理する「**相続財産管理人**」が選任されます。相続財産管理人が相続人の調査を行い、相続人が不存在だということが確定すれば、「**特別縁故者による財産分与の請求が可能**」になります。

　特別縁故者による財産分与請求とは、相続人ではなくても、特別に被相続人と縁故があった者については、相続財産の全部または一部を取得することができる制度です。特別縁故者には、次の3つのCASEが該当します。

> A 内縁の妻
> B 同居して療養看護などの世話をしていた親族
> C 被相続人と密接な交流があった人

　特別に縁故があった人に認められる制度ですから、単に「**遠い親戚であるといった理由や近所づきあいのある友人知人であるといった理由だけでは認められない**」場合が多いです。また、誰を特別縁故者として認め、どれだけの相続財産を取得させるかは裁判所が決めるので、請求をしたからといってそのとおりに相続できるわけでもありません。

　誰も取得する人がいない場合は、「**最終的には国のもの（国庫に帰属）**」になります。

2-2 知らないと損をする相続の常識 ❷

2. 誰がいくら相続できるか

❶ 法律で決められている割合

　相続人がひとりであればすべての遺産を相続するので話は簡単ですが、相続人が複数いる場合、どのような割合で相続するのでしょうか。

　相続人の順位だけでなく、相続する割合についても民法で細かく定められています。「**法律で定められた相続割合を"法定相続分"**」といいます。法定相続分と異なる割合で相続することも、相続人全員が同意すれば可能です（詳細は第6章172頁参照）。前節の「相続人は誰だ！」で、第1順位から第3順位までの血族の相続人についてお話ししましたが、順位が異なれば法定相続分も違ってきます。配偶者と血族の相続人間の法定相続分は、第1順位の人から第3順位の人ほど少なくなるように設定されています。

　前節の「相続人は誰だ！」のCASEをもとに見ていきましょう。

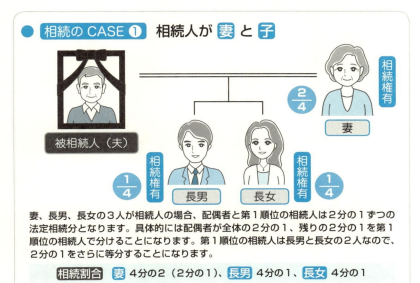

● 相続の CASE ❷　相続人が 子 のみ

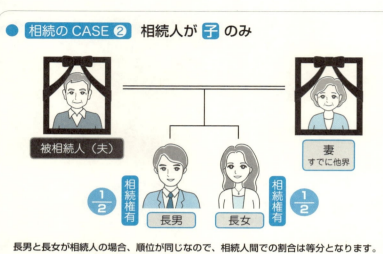

長男と長女が相続人の場合、順位が同じなので、相続人間での割合は等分となります。

相続割合　長男 2分の1、長女 2分の1

● 相続の CASE ❸　相続人が 妻 と 父母

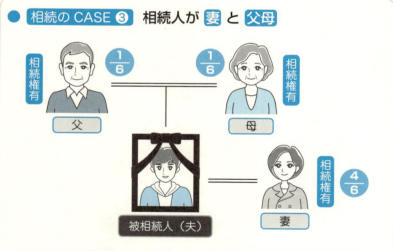

妻と第2順位の父母が相続人の場合、配偶者が3分の2、父母が3分の1ずつの法定相続分となります。具体的には配偶者が全体の3分の2、残りの3分の1を第2順位の父母で分けることになります。第2順位の相続人は父と母の2人なので、3分の1をさらに等分することになります。

相続割合　妻 6分の4（3分の2）、父 6分の1、母 6分の1

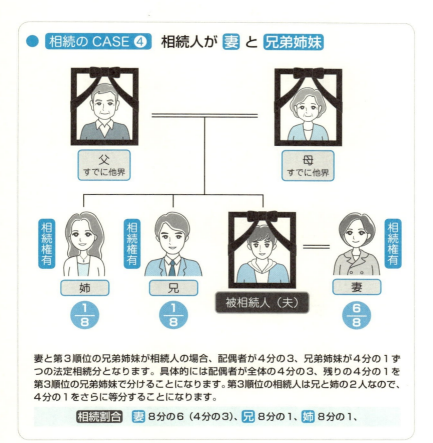

❷ 生前贈与を受けている相続人がいる場合（特別受益）

　相続がはじまる前に親から生前贈与を受けている相続人がいる場合、このまま法定相続分どおりに分けたのでは相続人間に不公平が生じることになります。

　たとえば、被相続人から長男に対し、独立開業資金として2,000万円の贈与がされていたとします。その後、被相続人が死亡し、遺産は8,000万円でした。相続人は、妻、長男、長女の3人です。遺産8,000万円を法定相続分どおりに分けると次のようになります。

> 妻　4,000万円　2/4
> 長男 2,000万円　1/4
> 　　（遺産とは別で生前に2,000万円の贈与を受けている）
> 長女 2,000万円　1/4

　長男は2,000万円の遺産に加え、生前に2,000万円の贈与を受けているので、長女からしてみれば、贈与を受けたうえに相続分まで均等に分けるとなると不公平感を感じざるを得ないでしょう。このような不公平感を是正するため、「**相続人が生前贈与を受けたものについては相続財産に持ち戻して計算する**」ことになります。

　その結果、相続財産は生前贈与分をあわせると1億円になります。1億円を法定相続分どおりに分けると次のようになります。

> 妻　5,000万円　2/4
> 長男 2,500万円　1/4
> 長女 2,500万円　1/4

　このうち、長男はすでに生前贈与を受けている分を差し引くことになるため、2,500万円から2,000万円を差し引いた500万円の受け取りになります。結果として、次のようになります。

> 妻　5,000万円
> 長男 500万円
> 長女 2,500万円

　この例の長男のように「**被相続人から生前に贈与を受けることを、特別に利益を得たとして"特別受益"といいます**」。特別受益に該当するものとしては、次のような事例が該当します。

> A 婚姻の持参金をもらった
> B 家を建ててもらった
> C 私大に行くために多額の入学金を出してもらった

いわば遺産の前渡しのような意味を持つ贈与については、特別受益に該当するものとみなされます。

❸ 相続できる取り分が多くなる場合（寄与分）

　被相続人の事業を一緒に営んできたなど、財産形成に多大に貢献してきた相続人がいる場合、相続人間の不公平を調整するために、その相続人の取り分を多くしようという制度を「**寄与分**」といいます。

　たとえば、長男は個人事業である父親の商売を無給に近い形で手伝い、父親の財産の増加に大きく貢献してきた一方で、次男は遠く離れた地で会社員をしていてほとんど実家には帰ってこなかった場合、法定相続分どおり長男と次男が均等に遺産を分けるとなると不公平感が生まれます。そこで長男には寄与分を認め、二男よりも多く相続させようというわけです。「**具体的な寄与分の金額については相続人間での協議になりますが、協議が整わなければ裁判所での遺産分割調停や審判で決めていく**」ことになります。

　寄与分については何でもかんでも手伝ったものはすべて認めるということではなく、民法では次の場合に限定されています。

> 「被相続人の事業に関する労務の提供または財産の給付、被相続人の療養看護そのほかの方法により、被相続人の財産の維持または増加について特別の寄与をした」

　相続人のうちひとりだけが介護をしていた場合に、寄与分に該当するかという点は非常に悩ましい問題です。気持ちは理解できるのですが、「**単に親の世話をしたというだけでは、調停や審判では認められにくい**」というのが結論です。

　財産の維持または増加に特別の寄与をしてきたという点が重視されるため、「**介護費や入院費を相続人が負担してきた**」「**介護サービスを受けずに相続人が常時介護したことによって介護費用が浮いた**」といった事情があれば、認められる可能性はあります。

2-3 知らないと損をする相続の常識 ❸

1. 相続の対象になるものは何か

❶ 相続の対象となる財産（遺産）って？

　相続が発生すると、亡くなった人の一切の財産は相続人が引き継ぎます。相続する財産の中で、主なものとしては、現金・預貯金、株・有価証券、不動産、金、宝石、絵画などです。物だけでなく、借地権、貸付金、特許権、著作権といった権利も対象になります。「**金銭に見積もることができる経済的価値があるすべてのもの**」が相続の対象となります。
　また、「**相続する財産は、プラスの財産だけでなく、借金などのマイナスの財産も含まれます**」。主なプラスの相続財産、マイナスの相続財産は次表のようになります。

● プラスの財産例

種類	備考
現金	タンス預金がないか、引き出しや本棚などを探してみましょう
預貯金	通帳ではなく証書の形式もあるので要注意
有価証券	株、国債、投資信託など
不動産	土地、家屋、自宅、投資用マンション、リゾート会員権
ゴルフ会員権	会員になっていると、そのゴルフ場の株式も所有しているCASEがあります
金	貸金庫に入っていたり、床下にあったりするので見落としがちです
宝石	指輪、ネックレス、時計などの貴金属
絵画	意外と高価な場合もあるので、取り扱いに注意します
自動車	車検証を確認します
貸付金	友人、知人、親戚などに貸したお金がある場合などは返済を受ける権利を引き継ぎます

種類	備考
損害賠償請求権	たとえば、交通事故において加害者などに対して損害賠償を請求する権利（不法行為による損害賠償請求権）も相続の対象となります
売掛金	個人事業（自営業）をしていて、回収していない商品代金がある場合に、売掛債権も相続の対象となります
特許権	特許を受けた発明の独占権
著作権	自らの思想・感情を創作的に表現した著作物を排他的に支配する権利
商標権	商品やサービスにつける「マーク」や「ネーミング」を財産として守る権利
借地権、借家権	借りる権利も対象となります
貸家、貸しビルの家賃、土地の地代など	マンションオーナーや地主の地位は相続人に引き継がれます
船舶	船舶検査証書などを確認します
家財道具	家にある家具、器具、衣類など

● **マイナスの財産例**

種類	備考
借金、ローン	不明なら信用情報機関へ照会してみましょう
債務	税金、医療費など未払いのものがある場合は相続人が支払います
損害賠償金	亡くなった人が、不法行為や債務不履行（債務者が本来するべきことをしなかった）によって、損害を賠償する義務をすでに負っていた場合は相続人が引き継ぎます

※ 財産の中には、「相続税がかかる財産（課税財産）」と「かからない財産」があるので、詳細は国税庁のHP（https://www.nta.go.jp/taxanswer/sozoku/souzo31.htm）で確認してください。

2-3 知らないと損をする相続の常識 ❸

2. 相続財産のリストをつくろう

❶ 財産にはどんなものがあるの？

　亡くなった人の財産にどのようなものがあるのか、詳細を把握している相続人のほうが少ないと思います。特に同居していない親子や親族の場合、生活をともにしていないため財産状況を把握しづらい環境にあります。相続が発生して、はじめて家探しをするといったCASEもよく耳にします。

　預貯金については、通帳、キャッシュカード、満期のお知らせハガキから把握することができますが、見あたらない場合は最寄りの金融機関に照会をかけると判明します。有価証券、ゴルフ会員権などは契約書やお知らせのハガキ、担当者の名刺などがないか探してみましょう。「**現物が見あたらなくても郵便物や名刺からわかることもあるので、くまなく探してみる**」といいでしょう。

　なお相続財産調査の際は、プラスの財産にばかり目がいきがちですが、亡くなった人が借金を負っていた場合、相続人が引き継いで返済しなければならないので、マイナスの財産についても調査を怠らないようにしてください。「**マイナスの財産のほうが大きいときは、相続放棄を検討**」しましょう（第9章参照）。

　ある程度の財産調査が終わったら、相続財産をリストアップしてみます。届出や手続きのもれがないかを確認するうえでも、表にまとめておくと便利です。

まとめ

- 相続する財産にはプラスの財産とマイナスの財産がある
- 借金などのマイナスの財産も相続することに注意
- 物以外に借地権や著作権といった権利も相続できる

● 相続財産チェックリスト

不動産

番号	種別	所在	地番(土地)・家屋番号(建物)
1	土地・建物		
2	土地・建物		
3	土地・建物		

預貯金

番号	金融機関名	支店名	種別	口座番号	残高
1			普通・定期		
2			普通・定期		
3			普通・定期		

現金

	円

有価証券

番号	証券会社	契約番号等	種類	銘柄・商品名	口数・評価額
1					
2					
3					

そのほかの財産

番号	種類	金額・評価額・口数
1		
2		
3		

負債

番号	債権者名	種類	金額
1			
2			
3			

COLUMN

生命保険金や死亡退職金も相続財産になる？

　生命保険金を受け取る権利は保険契約によって発生するもので、受取人が指定されている場合は受取人固有の財産として、一般的に「**相続財産には含まれない**」とされています。

　また死亡退職金の受取人についても、法律や会社の退職金規定などによって定められているので、「**相続人としてではなく受取人固有の財産として死亡退職金を受け取る**」ものとされています。よって生命保険金と同様に、一般的には相続財産には含まれないとされています。

　ただし、相続財産には含まれなくても、相続税がかかるかどうかという点では別の話となります。生命保険金も死亡退職金も、相続税の計算をするうえでは「**みなし相続財産として課税対象になる**」ので、注意が必要です。非課税部分もあるので、詳細は国税庁のサイトで確認してください。

　国税庁HP：相続税がかからない財産
https://www.nta.go.jp/taxanswer/sozoku/4108.htm

受取人が被相続人本人になっている場合や契約約款に受取人が指定されていない場合は、相続財産に含まれることもあるので、注意が必要です。

この章の中で、何月何日に●●●をしようと決めたらここに書き込んで、実際にやったらチェックを入れましょう。

年	月	日		✓
年	月	日		✓
年	月	日		✓
年	月	日		✓

第3章 相続のしかたを決める

相続の基礎知識を押さえたところで、次に自分がどの相続CASEにあてはまるのかを確認しましょう。相続とひとくくりにいっても、実際の相続のしかたは大きく3種類あります。

まずは、遺言書があるのかないのかで分かれ、さらに遺言書がない場合は、法定相続どおりに進めるのか、遺産分割協議を行うのかの2択になります。

どの相続CASEになったかによって、やるべき手続きも集める書類も変わってきます。とはいえ、どの相続CASEになっても相続登記をするというゴールは同じなので、共通する手続きがあります。

本書では、どの相続CASEになったとしても必ずやらなければならない共通の手続きと、それぞれの相続CASE特有の個別の手続きに分けてお話しをしています。各章に分けて説明することによって、自分の進むべきルートが明確になり、効率よく作業を進めていくことができます。

3-1　3種類の相続のしかたから選択する

1. 相続のしかたを決める

❶ どの方法で相続をするのか再確認する

　被相続人の財産調査が終わって、相続財産のリスト作成が終われば、いよいよどのように相続するかを決めていきます。
　相続のしかたについては、第1章で述べたように3種類のCASEがありました（28頁参照）。再確認しておくと、次の3種類になります。

> A 遺言書どおりに進める
> B 法定相続で分ける
> C 遺産分割協議で決める

　まずは、遺言書があるかどうかによって大きく分かれます。「**遺言書が見つかれば、基本的に故人の遺志に沿って遺言書の記載どおりに相続手続きを進めていきます**」。
　遺言書がない場合は、法律で決められた法定相続分どおりに相続を進めていくか、遺産分割協議で誰が何をどのような割合で相続するかを協議することになります。相続人がひとりの場合はすべてをひとりで相続するので、法定相続で進めることになります。

≪ゴールは同じでも必要書類や手続きが違う

　戸籍謄本などの必要書類を集める点や相続の名義変更の登記をする点は同じですが、どの方法で相続するかによって集める書類が異なったり、必要な手続きが増えたり減ったりと、登記をするまでの過程が違ってきます。スタートとゴールは同じですが、途中の過程が異なるため、それぞれのCASEに応じて流れを把握する必要があります。この後、共通する部分については第4章、第5章、第8章でお話しし、遺産分割協議のCASEは第6章、自筆証書遺言のCASEは第7章でお話しします。

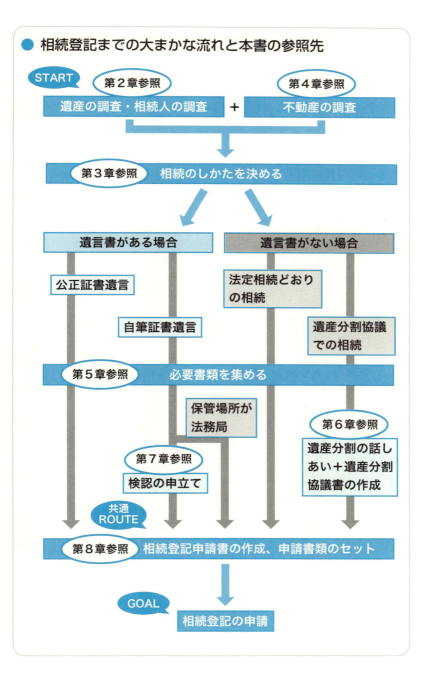

❷ 遺言書の探し方

　相続が発生したら、まずは遺言書があるか探してみましょう。
　故人が遺言書を作成したことを生前に伝えているCASEは多いですが、家族に内緒で遺言書を作成していることもあります。遺言書の主な保管場所を挙げておくので、もし心あたりがあれば探してみましょう。

● 予想される遺言書の保管場所

- **A** 自宅の金庫、書斎や寝室の机の引き出し、仏壇、本棚、枕の下、衣服のポケット
- **B** 銀行などの貸金庫
- **C** 親族、友人、知人、檀家となっているお寺や菩提寺に預けている
- **D** 会社、事務所（特に故人が会社経営・事業をしている場合）

　また、自筆証書遺言は法務局で保管してもらうことも可能です。法務局での保管制度は2020年7月10日から始まった新しい制度なので、利用者はまだ少ないですが、可能性の1つとして挙げておきます。

● 法務局 HP
http://www.houmukyoku.moj.go.jp/homu/static/index.html

　上記のほかに公証役場で作成した「**公正証書遺言**」の場合は、公証役場で原本が保管されています。公証役場で遺言書の有無について検索をすることができるので、最寄りの公証役場に問いあわせてみてください。

● 日本公証人連合会 HP
http://www.koshonin.gr.jp/index2.html

≪遺言書の書式や形式は関係ない

　遺言書と聞いてイメージするのは、和紙に筆書きで書かれた仰々しいものかもしれませんが、実際は要件さえ満たしていれば、十分遺言書として成立します。たとえば広告の裏にボールペンで書かれた、一見したらメモ書きのように思えるものでも、要件を満たしていれば遺言書として通用することもあります。相続について何かしら触れているような文書は廃棄せず、相続手続きで通用するかどうか不明であれば、弁護士、司法書士などの専門家に相談してみましょう。

3-2 遺言書があるかないかで大きく変わる

1. 遺言書がある場合

❶ 遺言書がある場合の相続

≪どのような遺言書か確認する

　実は遺言書は次の3つのパターンに分かれます。公証役場で作成してもらう「❶**公正証書遺言**」、遺言書の全文を本人が自筆する「❷**自筆証書遺言**」、両者の折衷案的な「❸**秘密証書遺言**」です。

　遺言書が見つかった場合、まずはどのパターンの遺言書なのかを確認してください。どのパターンであるかによって、相続手続きも変わってきます。

● 遺言書の種類

	❶ 公正証書遺言	❷ 自筆証書遺言	❸ 秘密証書遺言
作成方法・要件	本人が公証人の面前で遺言の内容を口授し、それに基づいて公証人が遺言者の真意を正確に文章にまとめ、公正証書遺言として作成する。証人2人の立会いが必要	全文を本人が紙に自書しなければならない。パソコンでの作成は不可。作成年月日を記載して、署名捺印をする	本人が書いた遺言書（パソコン、代筆も可）を封筒に入れて封印をし、証人2人とともに公証役場に行き、本人、公証人、証人2人が封をしたものに署名捺印する
保管場所	原本は公証役場に保管。正本、謄本は本人に渡される	・本人が任意の場所に保管 ・法務局で保管	本人が任意の場所に保管
紛失・変造の恐れ	ない	あり	あり

（次頁に続く）

	❶ 公正証書遺言	❷ 自筆証書遺言	❸ 秘密証書遺言
証人（立ち会う人のこと）	2人必要	不要	2人必要
作成費用	有料 公証役場手数料＋証人の依頼費用	無料	有料 公証役場手数料＋証人の依頼費用
検認の必要性	不要	・保管場所が法務局→不要 ・保管場所が法務局以外→必要	必要
メリット	専門家に作成してもらうので、法的に確実な遺言書が作成できる。紛失、変造の恐れがない	思い立ったらすぐに作成できる。費用がかからない	遺言書の内容を秘密にできる

≪「秘密証書遺言」はあまり使われない

　3種類の遺言書のうち、「秘密証書遺言」については使い勝手が悪く、あまり作成される例はありません。多くは「公正証書遺言」と「自筆証書遺言」です。本書ではこの2つの遺言書について、相続手続きをするうえでの違いをお話ししていきます。

❷ 遺言書を見分ける

　おそらく遺言書をはじめて目にする人も多いと思います。まずは公正証書遺言なのか、自筆証書遺言なのか、見分ける必要があります。

≪公正証書遺言であるかどうかの見分け方

　公正証書遺言であるかどうかの見極めポイントは、次のようになります。

> **A** 遺言書の文末に、本人氏名のほか、公証人名、証人2人の氏名が記載されている

B 「公正証書遺言」と記載された表紙がついている
C 公証役場名が印字された封筒に入っていることもある
D 遺言書に「公証人○○」「○○公証役場」といった文言がある

　公正証書遺言の場合、作成された公証役場に原本が保管されているので、問いあわせてみましょう。

≪自筆証書遺言であるかどうかの見分け方
　一方、自筆証書遺言の場合は、一見しても遺言書とわからないものもあるので注意が必要です。まず自筆証書遺言として認められるためには、次の3つの要件を満たしていなくてはなりません。

A 本人が全文を自書している
B 日付が記載されている
C 本人の署名捺印がある

　「記載する紙（用紙）については決まりがない」ので、広告の裏紙に書いたものでも有効になります。「遺言書」とタイトルが記載されていればわかりやすいですが、手紙のような様式で書かれたものや日記の1ページに記載されているCASEもあります。封筒に入っていないものもあるので、気づかずに廃棄してしまうこともあります。心あたりの場所を念入りに探してみましょう。
　なお、法務局で保管されている場合は「保管証」が発行されていますので、見つけた場合は法務局で証明書を請求しましょう。

❸ 検認手続きの必要性

　公正証書遺言と自筆証書遺言とで、相続手続きをするうえでの大きな違いは**「家庭裁判所への検認手続きの必要性」**です。

● 検認とは？

　相続人に対し、遺言の存在およびその内容を知らせ、「遺言書の形

（次頁に続く）

> 状」「加除訂正の状態」「日付」「署名」など、検認の日現在における遺言書の内容を明確にして、遺言書の偽造・変造を防止するための手続き

　検認の手続きをすることで、遺言書を勝手に書き加えたり修正したりできなくなります。いわば証拠保全としての役割を担っています。
　なお「**検認の手続きは、あくまで遺言書の外形的・形式的な審査なので、遺言書の内容が有効か無効かを判断する手続きではありません**」。
　本人が認知症で遺言書を書ける状態ではなかったなど遺言の効力に疑いがあるような場合は、検認とは別の問題となるので注意しましょう。

≪公正証書遺言は検認なし、法務局で保管されていない自筆証書遺言は検認が必要

　公正証書遺言は家庭裁判所で検認しなくても、そのまま相続手続きで使用できます。それは原本が公証役場に保管されているので、偽造や変造の恐れがないためです。法務局で保管されている自筆の遺言書も同様の理由から検認は不要です。
　一方、法務局で保管されていない自筆証書遺言は家庭裁判所で検認手続きを経なければ、相続手続きで使用できません。つまり、家庭裁判所での「検認」という作業がひと手間加わります。この手続きについては第7章で詳しくお話ししますが、手間も費用も時間もかかります。故人にとっては自筆証書遺言のほうが楽ですが、**残された相続人にとっては公正証書遺言のほうがありがたい**」遺言書なのです。「検認」をしなければ遺言書として効力を発揮しないので、忘れずに「検認」をしましょう。

次へ進む

公正証書遺言が見つかった場合
法務局で保管されている遺言書がある場合
⇒ 第4章、第5章、第8章の順に進めていきましょう

法務局で保管されていない自筆証書遺言が見つかった場合
⇒ 第4章、第5章、第7章（自筆証書遺言の検認）、第8章の順に進めていきましょう。第7章の「検認」をしなければ、遺言書として手続きで使用できないので、忘れずに

3-2 遺言書があるかないかで大きく変わる

2. 遺言書がない場合

❶ 遺言書がない場合の相続（法定相続）

「遺言書がない場合、原則は法律で決められている持分割合で相続する」ことになります。これを法定相続といいます。誰がどの割合で相続するかについては、前述の「誰がいくら相続できるか」（59頁参照）で事例を挙げているので、もう1度確認しておいてください。

≪相続人が複数いたり、子がいない夫婦には向かない

「相続人が複数いる場合は法定相続割合で相続を進めるCASEは少ない」と思います。民法で定められている法定相続割合は、一般的な家庭環境を想定して決めているので、それぞれの家庭事情を反映した割合にはなっていません。

たとえば、配偶者と子ども2人が相続人の場合には「配偶者4分の2、子4分の1、子4分の1」が法定相続割合です。しかし、親の面倒をずっと看てきた子もまったく家に帰ってこなかった子も民法上においては等しい相続割合なので、同じように遺産を分与される権利を有しています。これでは親の面倒をずっと看てきた子はいたたまれません。

また、法定相続が定められた民法が制定されてからかなりの年数が経っているので、現代の家庭事情を反映していないことも争いの要因になっています。特にトラブルが多いのは子がいない場合で、配偶者と被相続人の兄弟姉妹が相続人となるCASEです。「**夫婦で築き上げてきた財産に対して、法定相続で進めるとなると被相続人の兄弟姉妹にまで相続権があり、配偶者からしてみれば納得がいかない**」といったこともよく耳にします。よって法定相続割合では相続する人間で不平・不満が出ることが多く、なかなか相続手続きが進みません。

このように「**相続人が複数いる場合は、法定相続によらず、遺産分割協議で進めたほうが、相続人全員が納得できる相続になりやすい**」です。

一方、相続人がひとりの場合は、上記のような不平・不満も生じず、遺

産もすべてひとりで相続する（そもそも協議をする余地がない）ことになるので、法定相続による方法で進めることになります。

次へ進む

遺言書がなく、法定相続で進める場合
⇒ 第4章、第5章、第8章の順に進めていきましょう

遺言書がなく、遺産分割協議で進める場合
⇒ 第4章、第5章、第6章、第8章の順に進めていきましょう

❷ 遺言書がない場合の相続（遺産分割協議）

預貯金は妻が、家は長男が、株式は二男が相続するといったように、具体的な個々の遺産の相続先を決める場合は、遺産分割協議で決めなければなりません（第6章参照）。

COLUMN

遺言書を勝手に開封したら罪？

遺言書を見つけたら、気になってつい開けたくなるのが人情ですが、遺言書を勝手に開封することは法律で禁止されています。民法1004条で、「**封印のある遺言書は、家庭裁判所において相続人またはその代理人の立会いがなければ、開封することができない**」と定められています。

公正証書遺言を除く、遺言書で封印されているものについては、その場で開封してはいけません。家庭裁判所で、検認の手続きの中で開封しなければなりません。勝手に開封してしまった場合は、5万円以下の罰金に処せられる場合があります。なお、「**勝手に開封したからといって、遺言書が無効になるというわけでも、検認の手続きができないというわけでもありません**」。単に罰金を支払わなければならない可能性があるというだけの問題です。

3-2 遺言書があるかないかで大きく変わる

3. 話しあいで遺産を分ける場合

❶ 話しあいで遺産の分け方を決める（遺産分割協議）

相続人が複数いる場合は、個々の事情に応じた遺産の分け方をするため、遺産分割協議によることが多いのは前述のとおりです。

≪遺産の中に不動産がある場合は、遺産分割協議は必須

「**遺産の中に不動産がある場合は、遺産分割協議によって特定の相続人に相続させるのが一般的**」です。不動産を複数名の共有名義にすることも可能ですが、あまりお勧めしません。

不動産を売却する際には共有名義になっている人全員の同意が必要となるので、人数が多ければ多いほど必要書類を用意するのに時間がかかるなど、手続きが面倒なものになっていきます。また共有名義になっている人のうちひとりでも反対すれば、売却することはできなくなって、こう着状態になってしまいます。さらに共有名義になっている人にそれぞれ相続が発生していけば、どんどん名義人が増えて名義人同士の関係も薄れていってしまい、連絡が取れない人も出てくるかもしれません。そうなってくると売却は非常に困難になります。

トラブルを防ぐためにも、「**遺産分割協議によって、不動産は相続人のうちひとりが相続する**」ことをお勧めします。

遺産分割協議で進める場合、次の手順で進めましょう。

● 遺産分割協議で進める場合

≪遺産分割協議がまとまらないときは、調停や審判を申立てる≫

「**遺産の分け方を協議していき、最終的に相続人全員が同意すれば、遺産分割協議は成立**」です。しかし、相続人のうちひとりでもその内容に反対すれば、遺産分割協議は不成立となります。「**不服があれば裁判所に遺産分割調停や審判を申立てし、法的解決を図っていく**」（202頁参照）ことになります。調停・審判になればかなりの時間がかかります。そればかりか、相続人間の関係が悪化して絶縁状態にもなりかねません。相続を機に争族になるような事態は、できれば避けたいものです。遺産分割協議によって、円満に解決できるように心がけましょう。

● 遺産分割協議がうまくまとまらない場合の一般的な流れ

遺産分割協議 →不成立→ 調停（裁判所） →不成立→ 審判（裁判所）

COLUMN

遺産分割調停とはどのようなものか？

　遺産分割調停においては、「**家庭裁判所の家事審判官（裁判官）**」と「**調停委員（裁判所から任命された民間人）**」から構成される「**調停委員会**」が、中立公正な立場で相続人それぞれから言い分を平等に聞いて、解決案を提示したり、解決のために必要な助言をするなどして合意を目指して話しあいが進められます。調停委員会は相続人から独立した公平な立場で手続きを進めるので、どちらか一方の味方をすることはありません。

　メリットとしては、「**第三者が間に入ることで、当事者間で話しあうよりも冷静にことを進めることができます**」。法的知識がある第三者からの提案であれば、お互いの意見にも耳を傾け、合理的な結論に達することが可能です。デメリットしては、「**相続人全員参加が原則なので、協力しない相続人がひとりでもいると成立しません**」。期間は数カ月〜1年くらいかかるのが一般的で、「**長期戦を覚悟する**」ことになります。

この章の中で、何月何日に●●●をしようと決めたらここに書き込んで、実際にやったらチェックを入れましょう。

年	月	日		✓
年	月	日		✓
年	月	日		✓
年	月	日		✓

第4章

不動産の情報を調べる

すべてのCASEに共通

　相続登記を進めるうえで、まず下準備として「不動産の情報」を調べましょう。相続登記の対象となっている不動産が、どういう状況で誰の所有になっているかを確認します。不動産の場所はわかっていても、登記という登録された情報をきちんと見たことがある人はおそらく少ないでしょう。調べてみると、自分の認識していた事実と違っていたということもあります。

　不動産の情報を調べるためには、法務局で登記事項証明書を取得するのが1番ですが、そもそも登記事項証明書をこれまで1度も取ったことがないという人が大半だと思います。登記事項証明書の見方どころか取り方もわからない、何をどうすればいいのかわからないと、慣れない手続きに不安でいっぱいになるかもしれませんが大丈夫です。100％理解できなくても、ポイントさえ押さえれば問題ありません。本章では、登記事項証明書の取り方や見方をはじめとし、不動産の情報に関して要点を絞ってお話ししていきます。まずは、本書を見ながら登記事項証明書を取得するところからはじめてみましょう。

4-1 不動産の情報を調べる

1. 不動産の情報を確認する

❶ 登記事項証明書とは

　不動産の情報は法務局という役所で管理しています。「**登記されている不動産情報は法務局に"登記事項証明書"を請求、取得して確認**」できます。

　登記事項証明書には、「不動産の所在」や「地番・家屋番号」「面積」といった外観に関する情報と「所有者」が誰であるか、設定されている「担保」があるのかなど、「権利」に関する情報が掲載されています（サンプル：98頁参照）。登記事項証明書は手数料さえ支払えば、「**所有者本人でなくても誰でも取得できます**」。

　ところで、不動産の情報はどのようにして特定され、管理されているのでしょうか？

　不動産には土地と建物の2種類があります。「**土地については"地番"、建物については"家屋番号"**」という不動産を特定するための個別の番号が設定されています。この地番や家屋番号がわかれば、登記事項証明書を取得することができます。

● 登記の申請、登記事項証明書の取得の際に必要な情報

> A 土地：不動産の所在に加えて地番
> B 建物：不動産の所在に加えて家屋番号

❷ 一般的な住所と不動産の所在・地番の違い

　ここでいう不動産の所在・地番とは、不動産を特定するための登記上の住所、管理番号のようなものですが、私たちが「**普段使う住所とは異なります**」。たまたま住所と同じ場合もありますが、異なる場合がほとん

どなので混同しないよう注意してください（次の例参照）。

一般的な住所表示	千葉県市川市○○１丁目　１番１号
一般的な登記上の所在・地番	千葉県市川市○○１丁目　1001番1 　　　　　　（または　1001番地1）

❸ 不動産の所在・地番・家屋番号の調べ方

不動産の所在・地番・家屋番号は、次のいずれかの資料に掲載されています。

≪「納税通知書」

固定資産税納付の案内として、毎年４〜６月くらいに所有者に送付されてきます。

≪「登記済権利証」または「登記識別情報通知」

不動産を売買や相続などで取得した際に、所有者の証として発行される大事な書類です。

≪以前に取得した「登記事項証明書」または「登記簿謄本」

被相続人が不動産を取得した際の古い登記事項証明書や登記簿謄本が、保管資料の中に入っているかもしれません。古い日付のものだと、地番や家屋番号が変わっている可能性もあるので、ほかの資料と照合して確認してください。

≪法務局で「地番検索システム」「ブルーマップ」を利用する

上記の３つの資料が何も手元にないときは、法務局の窓口にある「**地番検索システム**」からも調べることができます。住所から地番を照合できるタッチパネル式の機械です。地番検索システムがない法務局においては、「**ブルーマップ**」（住所から地番を調べられる地図帳のようなもの）が閲覧可能です。

ただし、地番検索システムもブルーマップもすべての法務局にあるわけではないので、あらかじめ法務局に問いあわせてから行くようにしま

83

す。また法務局によっては、電話で地番照会サービス（住所を言うと該当する土地の地番を教えてくれる）を行っているところもあります。

≪名寄帳を取得する

「**名寄帳とは、その人がその市区町村内で所有している不動産の一覧表**」です。ここまでお話しした不動産の所在・地番・家屋番号がわかる資料が何もないときや、所有している不動産すべての情報について知りたい場合は「**名寄帳**」を取得しましょう。

各市区町村役場（東京23区内であれば都税事務所）で取得できます。無料の場合もありますが、役所によっておおむね1通200～400円くらいの手数料がかかります。

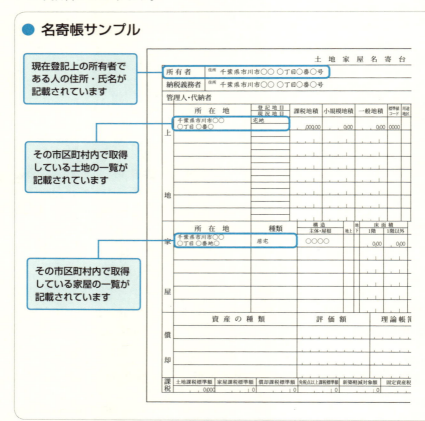

● 名寄帳を相続人が取得する場合に必要な書類

A 被相続人の除籍謄本
B 相続人の戸籍謄本など相続人であることを証明する書類
C 相続人の本人確認書類（免許証、保険証など）
※ 詳細は各役所に確認してください。

≪固定資産評価証明書（または固定資産税納税通知書課税明細書）も一緒に取得してしまう

　なお、相続登記の提出書類である「**固定資産評価証明書**」も各市区町村役場（東京23区内であれば都税事務所）で取得できるので、一緒に取得しておくといいでしょう（164頁参照）。

4-1 登記事項証明書の取得

2. 登記事項証明書を取得しよう

❶ 登記事項証明書の取得について

　登記事項証明書は全国、どこの法務局でも取得可能です。不動産の情報はデータ化されていて、「**現地の法務局でなくても登記事項証明書を取得できます**」。たとえば千葉県にある不動産でも、東京法務局で登記事項証明書を取得することも可能です。
　取得方法は次の3つがあります。

● 登記事項証明書の取得方法

- **A** 法務局の窓口で取得する方法
- **B** 管轄の法務局へ申請書を郵送する
- **C** 登記・供託オンライン申請システム「登記ねっと 供託ねっと」からオンライン請求する

　法務局の窓口へ出向いて取得するメリットは、不明点などをその場で質問できたり追加で取得する際にも柔軟に対応できる点で、実際には1番ロスが少なく安心で確実です。ただし平日しかやっていないので、時間が取れない人は**B**の郵送か**C**のオンライン請求で取得することになります。

≪ A 法務局の窓口で取得する方法

　各法務局に備え置いてある「**"登記事項証明書交付申請書"に必要事項を記入**」して、窓口に提出します。申請書に収入印紙を貼る欄があるので、「**手数料分の収入印紙**」を貼ります。
　多くの法務局では、収入印紙売り場が法務局内か近所にあります。法務局の場所については、「**法務局ホームページ 管轄のご案内**」（次頁参照）で確認してください。

```
法務局HP：管轄のご案内
```
http://houmukyoku.moj.go.jp/homu/static/kankatsu_index.html

≪B 管轄の法務局へ必要書類を郵送する

　「**"登記事項証明書交付申請書"**」を法務省ホームページからダウンロードして、「**必要事項を記入**」し「**手数料分の収入印紙**」を貼ったうえで「**法務局に郵送**」します。収入印紙は郵便局かコンビニエンスストアで購入しましょう。切手を貼った「**返送用封筒も忘れずに同封**」します。

　送付する法務局は上記の法務局ホームページ「管轄のご案内」から確認してください。

```
法務省HP：登記事項証明書交付申請書
```
http://www.moj.go.jp/MINJI/MINJI79/minji79.html
　　　　　　　　　　　　（下部にある「請求書様式1」）

≪C 登記・供託オンライン申請システム「登記ねっと 供託ねっと」からオンライン請求する

　登記・供託オンライン申請システム「登記ねっと 供託ねっと」から申請できます。詳細は、次頁からの解説か「登記・供託オンライン申請システム」のサイトにある操作手引書で確認してください。

　登記事項証明書の受け取り方法については、「**指定した法務局窓口での受け取り**」か、「**指定した送付先に郵送**」かを選択できます。

　オンライン請求は、窓口や郵送請求に比べて費用が若干安く、また郵送請求よりも早く登記事項証明書を受け取ることができます。

```
登記・供託オンライン申請システム：登記ねっと 供託ねっと
```
http://www.touki-kyoutaku-online.moj.go.jp/

● 「登記ねっと 供託ねっと」からのオンライン請求の手順

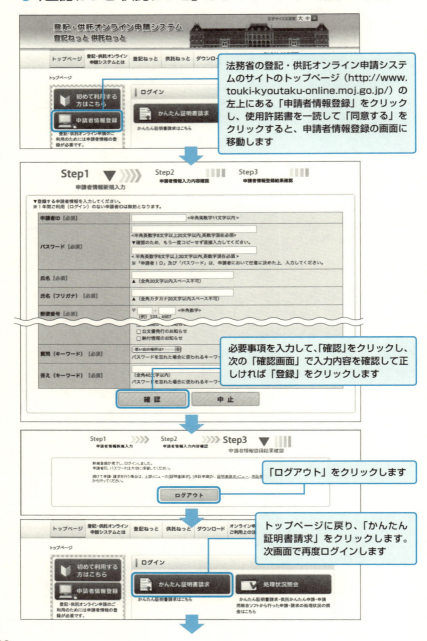

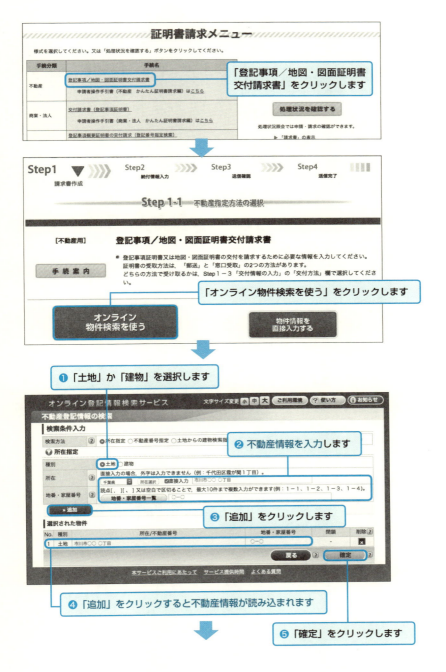

（次頁に続く） 89

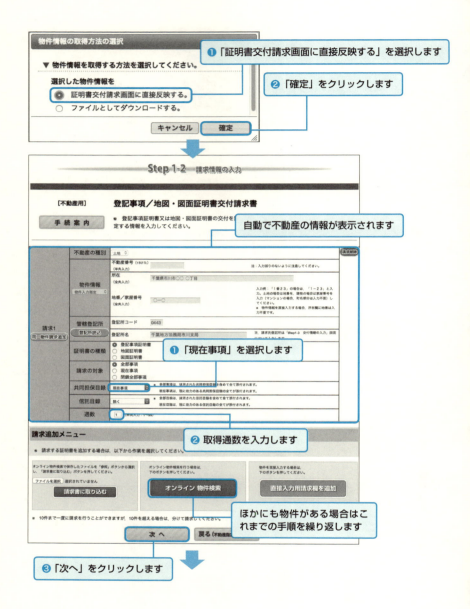

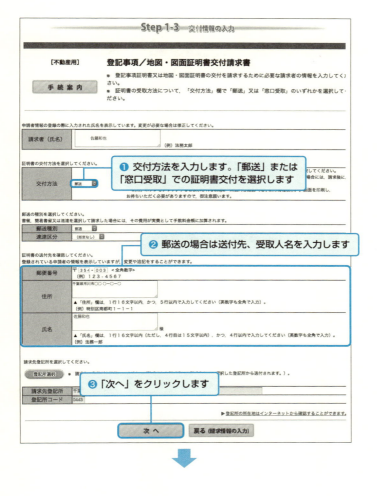

（次頁に続く）

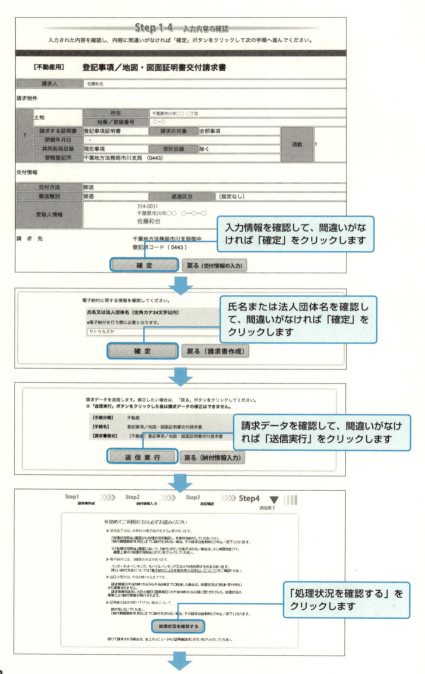

記入内容の確認、請求書の送信を終えたら、送信後の処理状況を確認できます。「納付」から手数料額や納付情報が確認できます

窓口受取でも手数料は電子納付が必要です。窓口受取の場合は電子納付後、「処理内容確認（電子納付情報表示）」画面をプリントアウトし、請求にかかる通数を記載して、窓口へ提出してください

❷ 取得費用

≪窓口で取得する場合と郵送で請求する場合

値段	支払い方法	備考
1通600円	収入印紙を申請書に貼って納める	1通の枚数が50枚を超えた場合は、以後、50枚ごとに100円が加算される

≪オンライン請求の場合

値段	支払い方法	備考
●指定した法務局窓口で受け取る場合：1通480円 ●郵送で受け取る場合：1通500円	ペイジー、インターネットバンキング、モバイルバンキングなどの方法で納める	1通の枚数が50枚を超えた場合は、以後、50枚ごとに100円が加算される

❸ 申請書の書き方

　法務局の窓口で取得する場合と郵送で請求する場合の「**登記事項証明書交付申請書**」は、次の記載例を参考に記入してください。

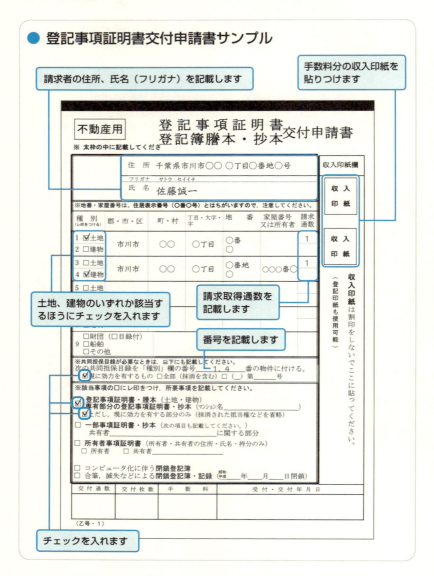

COLUMN

「登記情報提供サービス」について

「**登記情報提供サービスは、法務局が保有する登記情報をインターネット上で確認できる有料サービス**」です。登記情報はPDFファイルで提供されます。

登記情報提供サービスを利用するためには、パソコンの利用環境とクレジットカードが必要となりますが、遠方の不動産でも、すぐに登記されている内容を確認できる非常に便利なサービスです。また、一部の地域については登記情報提供サービスでの地番検索サービスも開始しています。

ただ使い方に慣れが必要なのと、利用を開始するには申し込みから1週間程度かかるので、急ぎの場合には注意が必要です。一時利用であればクレジットカードですぐに利用できますが、初回ログイン時にしか利用できないため、ログアウトしてしまったり長時間放置してセッションタイムアウトになってしまうと、新たに登記情報を請求することができません。

デメリットはありますが、不動産の情報を即時に確認できる非常に優れたサービスなので、インターネットを使った手続きに慣れている人はチャレンジしてみるといいでしょう。初心者の場合、使い方を理解するまでに時間がかかったり、正確な情報が取得できなかったりするため、結局のところ法務局に行って（または郵送で）登記事項証明書を取ったほうが早いかもしれません。

なお、登記情報提供サービスで提供される情報は証明書ではないので、法務局で発行される登記事項証明書と違い、法的証明力はありません（役所や金融機関などに提出する正式なものとしては使用できません）。あくまで、「**確認のためのもの**」です。

登記情報提供サービス
http://www1.touki.or.jp/gateway.html

4-1 不動産の情報を調べる
3. 初心者でもわかる登記事項証明書の見方

❶ 登記事項証明書はすべて理解しなくても大丈夫

　登記事項証明書をせっかく取得できたのに、何をどう見ればいいのかわからないといった人が大半かと思います。でも、安心してください。登記事項証明書にはいろいろな情報が掲載されていますが、すべてを理解する必要はありません。相続登記をするうえで最低限押さえておくべき点をチェックすれば、それで十分です。日常的に登記事項証明書を見慣れているような不動産関連の仕事をしている人でないかぎり、完全に理解するのは無理なので、気にしなくてかまいません。

　普段耳にしない登記に特有の用語が出てきますが、よくわからなければ「そんなものか」という程度で聞き流してください。現段階で重要なのは、次の2点が確認できることです。

● 登記事項証明書で確認すること

A 不動産の名義が被相続人名義になっているか
B 被相続人が所有する不動産についてもれなく調査できているか

　それでは、登記事項証明書についてサンプルと見比べながら、またすでに取得している場合はその登記事項証明書と見比べながら、1つひとつ確認していきましょう。

❷ 登記事項証明書の内容

　不動産の登記事項証明書は、大きく分けて「**表題部**」と「**権利部**」の2つからできています。さらに、権利部は「**甲区**」と「**乙区**」に分かれて

いて、それぞれ掲載されている情報が異なります。

≪不動産の基本情報が載っている「表題部」

表題部には、不動産の物理的情報が掲載されています。表題部を見れば、その不動産が「**どこに所在**」して、「**どういう用途で使用されて**」いて、「**広さはどれくらい**」かといった不動産の基本情報がわかります。

● 登記事項証明書の「表題部」でわかること

> 土地であれば 所在、地番、地目、地積
> 建物であれば 所在、家屋番号、種類、構造、床面積

≪所有している人の権利関係が載っている「権利部」

権利部には、不動産の権利に関する情報が掲載されています。権利部は、所有権に関する情報が掲載されている「甲区」と、所有権以外の権利に関する情報が掲載されている「乙区」とに分かれています。

権利部を見れば、その不動産の「**現在の所有者が誰**」で、「**いつ不動産を取得した**」か、「**抵当権などの担保はついているか**」といった情報がわかります。

≪甲区と乙区の違い

不動産の権利の中で最も重要な権利は、その不動産を所有する人は誰かという「所有権」に関する権利です。私たちにとって最も関心が高いであろう「**所有権に関する情報は、ほかと区別するために甲区に掲載**」されています。一方、抵当権や地上権など、「**所有権以外の権利はまとめて乙区に掲載**」されています。

> 甲区 所有権に関する情報（差し押さえの登記も甲区にされる）
> 乙区 所有権以外の権利に関する情報

次頁より実際の登記事項証明書を見ていきます。「一般的な一戸建てのもの」と「区分所有しているマンションのもの」とを見ていきましょう。

● 登記事項証明書（土地）サンプル

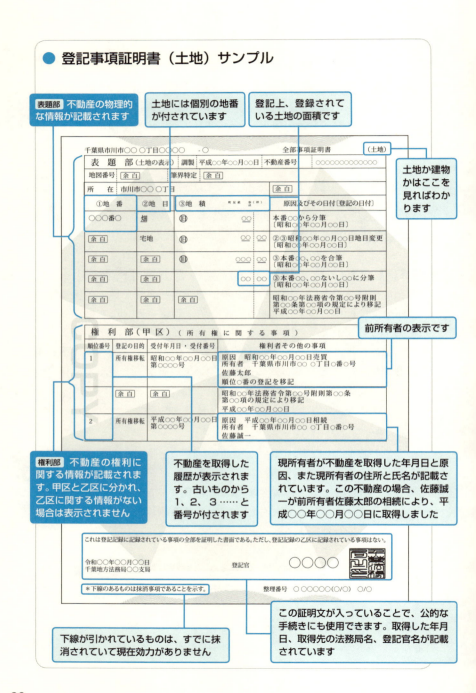

● 登記事項証明書（一般建物）サンプル（1頁目）

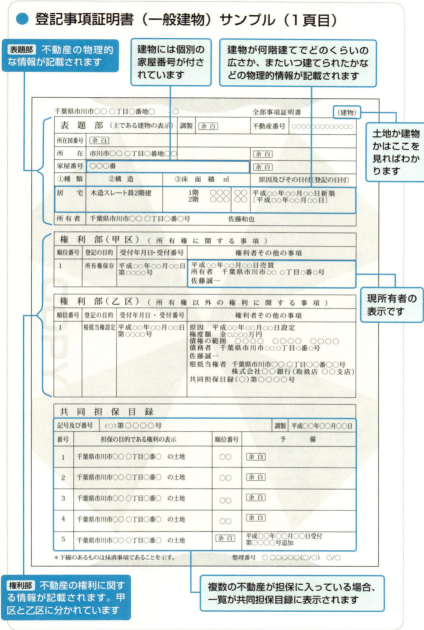

（次頁に続く）

● 登記事項証明書（一般建物）サンプル（2頁目）

100

● 登記事項証明書（マンション）サンプル（1頁目）

表題部 マンション全体の物理的な情報が記載されます

マンション名が記載されます

土地か建物かはここを見ればわかります

千葉県市川市○○○丁目○番地○　-○	全部事項証明書	（建物）
専有部分の家屋番号	○○○○～○○○○　○○○○～○○○○　○○○○～○○○○　○○○○～○○○○　○○○○～○○○○	

表　題　部 （一棟の建物の表示）	調整	余白	所在図番号	余白
所　　在	市川市○○○丁目○番地○		余白	
建物の名称	○○マンション		余白	

①構　造	②床　面　積　㎡	原因及びその日付〔登記の日付〕
鉄筋コンクリート造陸屋根5階建	1階　○○○○　2階　○○○○　3階　○○○○　4階　○○○○　5階　○○○○	〔平成○○年○○月○○日〕

敷地の土地も一体化されて登記情報が記載されます

表　題　部 （敷地権の目的である土地の表示）
①土地の符号	②所在及び地番	③地目	④地積　㎡	登記の日付
1	市川市○○○丁目○番○	宅地	○○○○　○○	平成○○年○○月○○日

表　題　部 （専有部分の建物の表示）	不動産番号	○○○○○○○○○○
家屋番号	○○○丁目○番○		余白
建物の名称	210号室		余白

通常、部屋番号が記載されます

①種　類	②構　造	③床　面　積　㎡	原因及びその日付〔登記の日付〕
居宅	鉄筋コンクリート造1階建	2階部分　○○○○	平成○○年○○月○○日新築〔平成○○年○○月○○日〕

表　題　部 （敷地権の表示）
①土地の符号	②敷地権の種類	③敷地権の割合	原因及びその日付〔登記の日付〕
1	所有権	1069596分の7667	平成○○年○○月○○日敷地権〔平成○○年○○月○○日〕

敷地のうち、持っている権利の割合が記載されます

所有者	東京都中野区○○○丁目○番○号　持分○○分の○　不動産株式会社　埼玉県所沢市○○○丁目○番○号　持分○○分の○　○○○○株式会社

権　利　部 （甲区）	（所有権に関する事項）
順位番号	登記の目的	受付年月日・受付番号	権利者その他の事項
1	所有権保存	平成○○年○○月○○日第○○○○○号	原因　平成○○年○○月○○日　売買　共有者　千葉県市川市○○○丁目○番○号　持分2分の1　佐藤太郎　千葉県市川市○○○丁目○番○号　2分の1　佐藤花子

＊下線のあるものは抹消事項であることを示す。　整理番号　○○○○○○（○/○）　○/○

権利部 不動産の権利に関する情報が記載されます。甲区と乙区に分かれています

表題部 マンション各部屋ごとの物理的な情報が記載されます

不動産を取得した年月日と原因が記載されます。また共有名義の場合は連名で記載され、持ち分も記載されます

（次頁に続く）　**101**

● 登記事項証明書 建物（マンション）サンプル（2頁目）

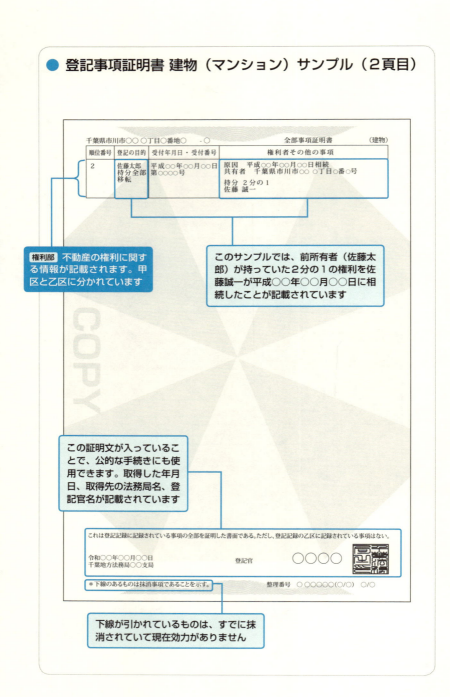

102

❸ 区分所有しているマンションの注意事項

　マンションやアパートなどは広くいうとひとつの建物ですが、部屋ごとに分けて登記することが一般的です。新築のタワーマンションをイメージしてもらうとわかりやすいのですが、まず不動産会社がマンションを建て、部屋ごとに分けて登記をし、各部屋を売りに出します。部屋ごとに独立して登記されるので、それぞれの部屋で所有者は異なります。たとえば前述の登記事項証明書でいうと、佐藤誠一さんはマンション全体を所有しているのではなく、210号室の部屋を所有しているのです。このように、各部屋で個別に分かれて登記がされている建物を「**区分建物**」といいます。区分建物の場合、土地についても一体化して登記されていることがあります。常に一体化されているわけではありませんが、「**大規模なマンションであれば土地と一体化して登記されていることがほとんど**」です。なぜ一体化させているかというと、マンションの敷地である土地は、そのマンションの各部屋の所有者全員で共有で持ちあっています。大規模なマンションだと100名を超えることもあります。そうすると、各部屋の所有者に売買や相続などで変動があれば、その都度土地全体の登記を変えなければならず、権利関係を把握するのが難しくなります。そのため、部屋と土地の登記を一体化させることで、権利関係をわかりやすくしているのです。

　一方、古いマンションですと、区分建物と土地が一体化して登記されていないこともあります。そうなると、土地の権利関係を把握するのが難しいこともあります。そのような時は、司法書士等の専門家に調査も含めて依頼する方が楽かもしれません。

土地と一体化されたマンションの場合、相続や売買で名義が変わるときには、各部屋とその所有する敷地権割合の土地の権利が一緒に移ります。

103

4-1 不動産の情報を調べる

4. 登記事項証明書の チェックポイント

❶ 不動産の名義人を確認しよう

　不動産の現所有者が被相続人になっているか、住所・氏名などを確認しましょう。不動産の名義人がまったく知らない別人であれば、そもそも地番や家屋番号を間違えて取得してしまった可能性があります。手元の資料をもう1度確認して、登記事項証明書を取得しなおしましょう。

❷ 登記事項証明書のチェックポイント

≪登記されている被相続人の住所、氏名は死亡時の住所・氏名と同じか

　登記されている被相続人の住所が死亡時の住所と異なる（旧住所で登記されている）場合は、「**住所のつながりを証する書類として、死亡時の住民票除票以外にも用意する書類が増える場合があります**」（121頁参照）。氏名は旧姓や旧字体で登記されている場合もありますが、戸籍を追っていけば同一人物と判明するので、相続登記をするうえでは大きな問題にはなりません。

≪被相続人の単独名義なのか、共有名義なのかを確認する

　被相続人が単独で所有していると思っていたところ、実は別の親族との共有名義になっていたということもあります。その場合は、「**被相続人の持分のみが相続の対象となります**」。

≪祖父母名義になっていないかどうか

　祖父母名義になったまま名義を変えていなかった場合は、祖父母の相続人調査まで行う必要があり、相続人が増える可能性が高いので要注意です（27頁COLUMN参照）。

≪抵当権、根抵当権の担保がついていないか

住宅ローンなど借り入れをした場合に、不動産が抵当に入っていることがよくあります。ここで注意したいのは、「**とっくに完済したはずなのに登記はそのまま残ってしまっているといったCASE**」です。

祖父母の代に、債権額が金35円といったような何十年も昔に設定された抵当権・根抵当権がそのまま放置されていたということも珍しくはありません。「**乙区の欄に抵当権や根抵当権が残っている場合、住んでいる分には何も問題は生じないのですが、不動産を売却しようとしたときに担保が残ったままでは売却できないため、これらを抹消する登記を追加で行う**」必要があります。

債権者が金融機関の場合は、まずは該当の金融機関に連絡し、抹消登記に必要な書類を発行してもらいましょう。債権者が合併などですでに消滅した銀行や信用金庫の場合は、引き継いだ金融機関に抹消登記に必要な書類を発行してもらうことができます。

知人・友人間のお金の貸し借りで担保をつけていた場合など、債権者が個人の場合は少しやっかいです。債権者に抹消登記に必要な書類を発行してもらう点は同じですが、担保を設定したときから何十年も経過していると、債権者と連絡が取れなかったり、すでに亡くなっていたりすることが多々あります。こうなると一個人の手には負えないので、専門家である弁護士または司法書士に相談するようにしましょう。

一方、現在も効力がある抵当権や根抵当権については、抹消登記はできません（完済するまでできません）が、債務者が被相続人になっている場合は、債務者を相続人名義に変えるように金融機関から指示を受けることがあります。被相続人の死亡の届出を金融機関などにまだ出していない場合は、債務の引き継ぎについてもあわせて連絡しましょう。

抵当権、根抵当権の抹消登記は必須ではありませんが、放置しておくと後々苦労することになります。第10章で詳しく説明しているので、これを機に抹消登記をしておきましょう。

4-1 不動産の情報を調べる
5. "もれ"がないように調査しよう

❶ 被相続人が所有している不動産に"もれ"がないか再確認する

　被相続人が所有している不動産について、本当にもれがないか再度確認しましょう。万が一、もれがあった場合は、「遺産分割協議書を作成して、相続人全員に署名捺印してもらい登記を申請する」までの一連の流れを繰り返すことになります。非常に手間がかかるうえに、相続人がもう一度遺産分割協議書に署名捺印してくれるとはかぎりません。雑に処理をしてしまうと、後々大変です。

　見すごしやすい事例を挙げるので、該当していないか慎重に確認してみましょう。

≪ア 土地が何筆にも分筆されている

　1筆※（ひとつ）だと思っていた土地が、実は登記上は何筆にも分かれていることがあります。切り売りされていた土地をまとめて購入して家を建てた場合などが該当します。「**納税通知書や名寄帳（84頁参照）などでわかる**」ので、複数の土地が記載されているときは、すべての土地について調査しましょう。

　※「筆」とは、登記簿上、人為的に分けた1区画のことを指す単位です。

≪イ 自宅以外の投資用マンション、別荘、会員制リゾートマンション

　「**自宅以外の不動産についても相続登記をしておかなければ、後々処分をするときに困る**」ことになります。住んでいないからといって放置せず、相続登記を進めておきましょう。

≪ウ 親族が共有で持ちあっている先祖代々の不動産

共有名義の不動産の場合、納税通知書は代表者にしか送付されません。納税通知書が送付されなければ、自分が名義を持っていることすら忘れてしまっている人もいるくらいですから、なかなか判明しづらいと思います。多いのは田舎の先祖代々の土地を兄弟姉妹が共有で持ちあっているCASEです。

≪エ 私道

「**不動産にもれがある事例として、1番多いのは私道**」です。公道は国や地方公共団体が所有・管理しているのに対し、私道は個人や法人が所有している土地を道路として使用しているものです。

「**私道は固定資産税がかからない非課税の処理がされているため、納税通知書に掲載されません**」。「**市区町村の中には、名寄帳にも掲載されない取り扱いのところもあるため、見落とされがち**」です。

「**私道の名義変更がもれていても、実際に住んでいる分には困りませんが、売却や建物の建て替えの際に大きな問題となります**」。

● 私道の名義変更がもれると大変なことになる

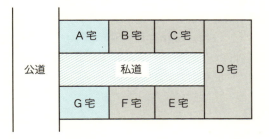

AとG以外のB、C、D、E、Fは私道を通らないと公道まで出ることができません。A〜Gの7名が共同で私道を所有している場合は、それぞれに私道を使用する権利があり、トラブルに発展する可能性はほとんどありません。ところが何かの理由で、私道の名義変更がもれて名義を有していない場合には、私道の通行を制限されたり、車の進入を妨げられたりとトラブルに発展する可能性があります。また家や土地の売却や、建て替えをすることができなくなってしまいます。

107

❷ "もれ"がないように調査するには

≪名寄帳は最低限取り寄せる

　もれがないように調査するためには、「**名寄帳（84頁参照）は最低限取り寄せたほうが安心**」です。しかし、名寄帳を取り寄せたとしても、万全ではありません。

　市区町村によっては、単独名義になっているものと共有名義になっているものとで別々に名寄帳が作成されていて、取り寄せたはいいけれど単独名義のものしか発行されていなかったということもよくあります。

　役所も積極的に教えてくれない場合が多いため、相続人が気づかないことがほとんどです。また私道など非課税の土地については、そもそも名寄帳に掲載されないという取り扱いの市区町村もあります。

　私道の調査にかぎっていうと、「**被相続人が売買によって不動産を取得している場合は、当時の売買契約書などで私道が含まれていなかったか確認をすることが確実**」です。

≪私道に該当するような土地の登記事項証明書を取得する

　次の調査方法としては、「**公図（法務局にある地図）を取得して、私道に該当するような近隣の土地（たとえば細長い土地など）すべてについて、登記事項証明書を取得して名義を確認する方法**」です。この方法は時間を要するうえ、取得費用も追加でかかるためあまりお勧めはしません。しかし素人判断では難しいながらも、どの部分が私道に該当するのかを調査するのには1番確実な方法です。

まとめ

- 不動産の情報を調べるためには、法務局で「登記事項証明書」を取得する
- 登記事項証明書は、法務局窓口で取得する方法、郵送で請求する方法、オンライン請求の3つの方法により取得可能
- 不動産は、土地は不動産の所在と地番、建物は不動産の所在と家屋番号で特定する
- 私道などもれがないように不動産の調査を行う

COLUMN

私道を見落としたばっかりに……

　太郎さんは相続した実家を売却しようと不動産屋に行ったところ、私道の名義が亡くなった父名義のままになっているため、このままでは売れないと言われてしまいました。

　実家の建物と敷地の土地は、相続による名義変更登記をしていたのですが、その際にどうやら私道を見落としていたようです。そこで、私道部分の名義変更について再度「遺産分割協議書」を作成し、相続人である弟と姉のところに署名捺印してもらおうと出向いたところ、「以前は何も受け取らないでハンコを押したけど、兄貴からは何のお礼もなかった」と言われ、私道部分を相続することに同意してくれませんでした。

　結局、たった3m²の私道ですが、名義が変わっていないがために売却することができませんでした。

建物の周囲に小道がある場合、大通りに面していない場合は、私道である可能性が高いので注意が必要です。

COLUMN

売れない土地　〜原野商法被害〜

　遺産を調べたところ、北海道や沖縄など思いもよらないところで山林を所有していたことが判明した……なんて話、耳にしたことがありませんか？

　これ、実は「原野商法被害」の可能性があります。もちろんすべてではありませんが、現在の居住場所や出身地にまったく関係ないところで広大な未開発の土地を所有している場合、かなりの確率で原野商法（または原野商法まがい）被害に該当します。

「**原野商法とは、価値のない土地をだまして売りつける悪徳商法**」のことで、1960年代から1980年代が全盛期でした。新聞の折り込み広告や雑誌の広告などを使った勧誘が盛んに行われて、虚偽のリゾート開発や計画段階の新幹線や高速道路の建設によって土地の値上がりが確実であるとうたい、実際には価値のない土地を売りつけていたのです。

　現地に行ってみたり、衛星写真などを見たりすればわかりますが、周辺には道も何もなく、電気水道も通っていないような、誰がどう見ても「**原野と呼ぶ**」のが正しい状態になっています。売りたいと思っても買い手を見つけるのは非常に困難で、「無料でもいいからもらってくれ」と言っても引き取り手が見つからないのが大半です。

　不動産はあれば何でもいいということではなく、相続しても困る不動産というものも存在します。あたりまえの話ですが、現地を調査したり、売主や仲介業者に不審な点がないか確認するなど、よく検討したうえで購入することが大事です。

110

この章の中で、何月何日に●●●をしようと決めたらここに書き込んで、実際にやったらチェックを入れましょう。

年	月	日		✓
年	月	日		✓
年	月	日		✓
年	月	日		✓

第5章

必要な書類を集める

すべてのCASEに共通

いよいよ相続登記の具体的な手続きに取りかかります。

ここでは、戸籍謄本などの書類の取得についてお話しします。誰のどういう書類を取得すればいいのか、どこで取得すればいいのか、それぞれの書類ごとに詳しく見ていきます。1つひとつ確認しながら、取得してみましょう。大事なのは**「もれがないように集めること」**です。不足している書類があると相続登記が終わりません。最悪の場合遺産分割協議をやり直したり、無効になってしまうこともあります。

実は、この書類集めが1番の山場ともいえます。どれだけ短期間で集め終えるかが、相続登記を終えるまでのスケジュールに大きく関わってきます。特に、法定相続や遺産分割協議による相続パターンの場合、被相続人の出生から死亡までの戸籍謄本（除籍謄本、改製原戸籍謄本）一式を集めるのには時間も手間もかかります。

5-1 言葉の意味と必要な書類

1. 戸籍関係の言葉の意味を知る

❶ 戸籍？ 本籍？ って何だろう

　みなさんは自分の戸籍謄本を取ったことがありますか？
　各種手続きの中で住民票や印鑑登録証明書を取る機会はよくありますが、戸籍謄本まで必要になる手続きはかぎられているため、もしかしたらはじめて目にする人もいらっしゃるかもしれません。
　「**戸籍謄本は、その人の本籍地の市区町村で取得できます**」が、そもそも、「戸籍」や「本籍」が何かもわからないという人もいると思うので、はじめに戸籍制度についてお話しします。

❷ 戸籍とは

　「戸籍」とは、日本国民の親族関係を登録するもので、「**夫婦および夫婦と氏を同じくする未婚の子どもを単位としてつくられる身分関係の系譜**」です。身分関係というと大げさなイメージがありますが、例を挙げると、個人の出生、婚姻、養子縁組、死亡などの身分上の重要な事項が戸籍に記載されています。つまり戸籍を見れば、その人がいつ生まれて、誰と誰の子どもで、誰と結婚して、離婚して……ということがわかり、戸籍を調べていくとその人の過去が順番に見えてきます。いわば、人生の履歴書のようなものです。

≪「戸籍謄本」と「戸籍抄本」

　戸籍の原本は役所にあるので、戸籍そのものを個人が持ち出すことはできません。そのため、戸籍の写しを証明書として発行してもらうことができます。「**戸籍の全部についての写しを"戸籍謄本（全部事項証明書）"**」といい、「**戸籍の一部についての写しを"戸籍抄本（個人事項証明書）"**」といいます。

たとえば、夫婦と子ども1人が同じ戸籍に入っている場合、同じ戸籍に入っている全員（つまり夫婦と子ども1人）の戸籍の写しがほしい場合は戸籍謄本を請求します。一方、夫のみの戸籍の写しがほしい場合は戸籍抄本を請求します。大は小を兼ねるではないですが、「**判断に迷ったら"謄本"を取れば問題ありません**」。

　なお、相続登記手続きのときはおおむね「謄本」が必要となるので、本書では戸籍謄本を取得することを推奨します。また正確にいうと、戸籍そのものは役所で管理されているので、役所で取得できるのは「戸籍謄本の写し」、「戸籍抄本の写し」といいますが、写しと書くとコピーと間違えてしまうので、本書では戸籍謄本、戸籍抄本という表現を使用します。

> **謄本** 文書の原本の内容を証明するために、原本の内容を同一の文字、符号で全部かつ完全に謄写（とうしゃ）した書面
> **抄本** 原本となる書類の一部を抜粋した書面

❸ 本籍とは

　「**戸籍の置かれているところを"本籍"**」といいます。よく混同しがちですが、本籍と住所は違います。住所は個人の住んでいる所在場所ですが、本籍はいわば戸籍を管理するうえでの管理番号のようなものです。

　たとえば、役所に行って「私、山田太郎の戸籍謄本をください」と言っても、それだけではどこの山田太郎さんなのかがわからず情報が特定できません。特定するために、「**戸籍の場合は、"本籍"と"筆頭者"の2つの情報が必要**」となります。よって、「本籍が愛媛県〇〇市〇〇町〇〇番地の筆頭者が山田太郎の戸籍謄本をください」と言うと戸籍の情報が特定できるので、戸籍謄本を取得することができます。

≪筆頭者

　「**戸籍の最初に記載されている人**」で、情報を特定するための目印となります。未婚であれば父か母のいずれかが筆頭者になっている場合が多く、既婚であれば夫か妻のいずれかが筆頭者になっています。筆頭者は

113

死亡しても変わらず、たとえば「**戸籍の筆頭者である夫が死亡しても、妻が自動的に筆頭者になるわけではありません**」。筆頭者は夫のままです。

❹ 戸籍謄本と住民票の違い

「戸籍が置かれているところを"**本籍**"といい、それを証明する書類が"**戸籍謄本**"」で、本籍地において戸籍謄本を取得することができます。

一方、「**個人の住んでいる所在場所を"住所"といい、それを証明する書類が"住民票"**」であり、住所地において住民票を取得することができます。

よく誤解されるのですが、住所と本籍は別物なので、「**引越しをして住所が変わったからといって自動的に本籍が変わるわけではありません**」。「**本籍を変える"転籍"という手続きをしないかぎり、本籍は変わらない**」ので注意してください。つまり何度引越しをしたとしても、転籍の手続きをしなければ本籍は出生地のままになります。たとえば、生まれは愛媛で現在住んでいるのが東京である場合、転籍をしなければ本籍は愛媛にあり、住所は東京の住んでいるところになります。戸籍謄本は愛媛で取得し、住民票は東京で取得します。

> **本籍** 愛媛県松山市〇〇 〇〇〇〇番地
> **住所** 東京都品川区〇〇 〇丁目〇番〇号
>
> 愛媛県松山市役所で戸籍謄本を取得し、住民票は東京都品川区役所で取得する。何度引越しをしても、転籍の手続きを取らないかぎり本籍は愛媛県のまま

❺ 戸籍にも種類がある

戸籍は、大きく分けると、現在効力を有している戸籍と過去の古い戸籍の2つに分かれます。

現在効力を有している戸籍の証明書	戸籍謄本
過去の戸籍の証明書	除籍謄本、改製原戸籍謄本

≪「除籍」について

　ひとつの戸籍に入っている全員が、死亡、転籍、婚姻、離婚などの原因で戸籍からはずれた場合、その戸籍は閉じられ効力がなくなります。これを「**除籍**」といい、除籍された古い過去の戸籍の証明書を「**除籍謄本**」といいます。

　転籍の場合を例に挙げると、一般的に本籍は住所と違って頻繁に変えるものではありませんが、届出をすれば本籍を異動できます。これを「**転籍**」といいます。別の市区町村に転籍すると、新しい本籍地で新しい戸籍がつくられ、古い本籍の戸籍については、同じ戸籍に属する人全員が籍をはずれたことにより「除籍」となります。古い本籍の戸籍の証明書がほしい場合は「除籍謄本」を取ることになります。

　なお、「**除籍とは、その戸籍の全員が籍をはずれた場合のことを指す**」ので、「**一部の人しか籍をはずれていないのであれば、戸籍は閉じられず、除籍には該当しない**」ので注意してください。通常、夫婦は同じ戸籍に入っていますが、仮に夫が死亡してその戸籍からはずれたとしても妻の戸籍は有効なので、証明書を取る場合は除籍謄本ではなく「戸籍謄本」を取ることになります。

≪「改製原戸籍」について

　戸籍は、昔から現代のような様式だったわけではなく、戸籍法の改正とともに時代によって変わってきています。

　ひと昔前では「長男が家督を継ぐ」といった、その名のとおり家督制度というものが存在しました。家督を継いだ家長が戸籍の最初に「戸主」として記載され、夫婦とその子どもだけでなく、父母、兄弟姉妹、甥、姪などその家に属するすべての人が同じ戸籍に入っていました。また、昔の戸籍は手書きであるなど形式も大きく異なります。

　その後、戸籍法が改正され、現代の戸籍へとつくり変えられてきたのです。この以前の様式の戸籍を「**改製原戸籍**」といいます。除籍は、死亡、転籍、婚姻などにより身分関係に変動があった場合に処理されるのに対し、改製原戸籍は法律の改正によって様式が変わったものです。

　この辺は難しく考えずに、「**戸籍の証明書には"戸籍謄本""除籍謄本""改製原戸籍謄本"の3種類があり、"除籍謄本"と"改製原戸籍謄本"は過去の戸籍の証明書**」ということを理解しておけば十分です。

5-1 言葉の意味と必要な書類

2. 不動産の名義変更に必要な書類一覧

❶ 必要書類の確認

　ここで、相続登記をする際に必要な書類を再度確認しておきましょう。第3章でお話しした🅐遺言書どおりに進める、🅑法定相続で分ける、🅒遺産分割協議で決めるの3つのCASEごとに下表並びに右頁の書類が必要となります。この中で色のついている書類について、この章でお話ししていくので、実際に取得してみてください。登記申請書、相続関係説明図、遺産分割協議書など、自分で作成する書類については、次章以降で詳しくお話ししていきます。

● 遺言書がある場合、相続登記に必要な書類

✓	書　類	入手先
✓	登記申請書	自分で作成 ⇒ 第8章
✓	相続関係説明図	自分で作成 ⇒ 第8章
✓	収入印紙	法務局、郵便局など ⇒ 第8章
✓	亡くなった人の戸籍謄本（除籍謄本）	市区町村役場
✓	亡くなった人の住民票除票 （または戸籍の除附票）	市区町村役場
✓	不動産を相続する相続人の戸籍謄本 （または戸籍抄本）	市区町村役場
✓	不動産を相続する相続人の住民票 （または戸籍の附票）	市区町村役場
✓	遺言書 （自筆証書遺言の場合は検認済みのもの）	
✓	不動産の固定資産評価証明書（または固定資産税納税通知書課税明細書）	都税事務所、市区町村役場
✓	委任状（代理人に依頼する場合）	自分で作成 ⇒ 第8章

● **法定相続の場合、相続登記に必要な書類**

✓	書　類	入手先
✓	登記申請書	自分で作成 ⇒ 第8章
✓	相続関係説明図	自分で作成 ⇒ 第8章
✓	収入印紙	法務局、郵便局など ⇒ 第8章
✓	亡くなった人の出生から死亡までのすべての戸籍謄本（除籍謄本、改製原戸籍謄本）	市区町村役場
✓	亡くなった人の住民票除票（または戸籍の除附票）	市区町村役場
✓	相続人全員の戸籍謄本または戸籍抄本	市区町村役場
✓	相続人全員の住民票（または戸籍の附票）	市区町村役場
✓	不動産の固定資産評価証明書（または固定資産税納税通知書課税明細書）	都税事務所、市区町村役場
✓	委任状（代理人に依頼する場合）	自分で作成 ⇒ 第8章

● **遺産分割協議の場合、相続登記に必要な書類**

✓	書　類	入手先
✓	登記申請書	自分で作成 ⇒ 第8章
✓	相続関係説明図	自分で作成 ⇒ 第8章
✓	収入印紙	法務局、郵便局など ⇒ 第8章
✓	亡くなった人の出生から死亡までのすべての戸籍謄本（除籍謄本、改製原戸籍謄本）	市区町村役場
✓	亡くなった人の住民票除票（または戸籍の除附票）	市区町村役場
✓	相続人全員の戸籍謄本または戸籍抄本	市区町村役場
✓	不動産を相続する相続人の住民票（または戸籍の附票）	市区町村役場
✓	遺産分割協議書	自分で作成 ⇒ 第6章
✓	相続人全員の印鑑登録証明書	市区町村役場
✓	不動産の固定資産評価証明書（または固定資産税納税通知書課税明細書）	都税事務所、市区町村役場
✓	委任状（代理人に依頼する場合）	自分で作成 ⇒ 第8章

❷「亡くなった人の出生から死亡までのすべての戸籍謄本」に要注意

　法定相続と遺産分割協議による場合、取得する書類は多岐にわたりますが、このうち1番時間がかかるのは、「法定相続の場合、相続登記に必要な書類」「遺産分割協議の場合、相続登記に必要な書類」の上から4番目に記載している**「亡くなった人の出生から死亡までのすべての戸籍謄本（除籍謄本、改製原（かいせいげん）戸籍謄本）」**です。生まれたときからずっと本籍が同じという人であれば取得も非常に楽ですが、「**何度も引越しなどをして転籍をしている人は、すべて集め終えるのに時間がかかります**」。「**1カ月程度かかるというのはよくあること**」ですし、中には3カ月くらいかかる人もいます。

　さらにそれが遠方だと、郵送で請求して送られてくるのを待つことになるので、より時間がかかります。また取得費用は郵便局で定額小為替を買って送付する方法による支払いとなるので、手間もかかってしまいます。

　戸籍をたどる作業は、一朝一夕にできることではありません。はじめての人は、まずどこを見て何を理解すればいいのかがわからないまま、戸籍謄本に右往左往するかもしれません。果たして全部集めることが自分にできるのだろうかと、心配になってしまうかもしれません。

　はじめてのことですから、みんなそういう気持ちになります。でも安心してください。これも不動産の登記事項証明書のときと同じなのですが、戸籍謄本に記載されているすべてのことを理解できなくても大丈夫です。むしろ完全に理解することは、専門家であっても容易なことではありません。相続登記の手続きをするうえで、必要なポイントさえ押さえれば十分です。次節から戸籍謄本集めのポイントをお話ししていくので、あせらずに1つひとつ順番に進めていきましょう。

相続登記において戸籍謄本、住民票、印鑑証明書などに有効期限はありませんが（3カ月を超えていても可）、被相続人死亡後の取得日付のものが必要です。

5-2 どのCASEでも必要な書類を集める
1. 被相続人・相続人の住民票・戸籍の附票

❶ 相続人と被相続人の住民票が必要な理由

　相続登記で必要な書類として、戸籍謄本以外にも、どのCASE（**A**遺言書どおりに進める、**B**法定相続で分ける、**C**遺産分割協議）でも必要な書類がいくつかあります。手軽に取得できるものから見ていきましょう。多くの書類は市区町村役場で取得することになるので、なるべく一括で処理できるようにしたほうが手間が省けます。

　1番手軽に取得できる相続登記に必ず必要な書類は、「**住民票**」になります。戸籍謄本と住民票の違いについては前述（114頁参照）のとおりですが、住民票はその人の住所を証明する書類です。戸籍謄本には本籍と氏名は記載されていますが、住所は記載されていません。そのため、「**その人がその住所に住んでいるという証明は、"住民票（または戸籍の附票も可）"でしか証明できない**」のです。住民票を提出することで、架空名義、虚偽人名義の登記を防ぐという意味もあります。

　「**住民票は、被相続人（亡くなった人）と不動産を相続する相続人のみ必要**」となります。必ずしも相続人全員の住民票が必要ではありませんが、法定相続の場合は相続人全員が不動産を相続するため、結果的に相続人全員の住民票が必要となります。

　なお、住民票を取得するときは、「**本籍が記載された住民票を取得**」してください。また、世帯全員のものでなくてもいいので、「**相続人のみ記載された住民票**」で支障ありません。

≪なぜ、被相続人の住民票が必要なのか？

　不動産を相続する相続人の住民票は、架空名義や虚偽人名義の登記を防ぐという目的からも提出理由は理解できるかと思います。しかし、不動産の名義がこれから変わるというのに、すでに亡くなっている被相続人の住民票がなぜ必要なのかと、疑問もあるでしょう。

119

これは、「**法務局が登記を審査するうえで、住所と氏名の情報をもって同一人物かどうかの判断をするため**」です。不動産の登記事項証明書（98頁参照）を見ると、所有者の欄には「住所」と「氏名」が記載されています。本籍は登記されないため、戸籍謄本だけ提出してもその戸籍上の人物と登記上の所有者とが同一人物かどうかの判断ができません。そこで、「**被相続人の住民票で、間違いなく所有者＝被相続人であるという人物確認（本人確認）を行う**」のです。

　なお、登記されている住所・氏名と、被相続人の住民票に記載されている住所・氏名が異なれば、たとえ氏名・生年月日が同じであっても、同一人物とみなしてはもらえません。逆にいうと、登記されている被相続人の住所・氏名と、住民票の住所・氏名が同じであれば、法務局は同一人物と判断します。

> **登記されている住所・氏名**
> 　東京都中央区○○　○丁目○番○号　佐藤誠一
> **住民票の住所・氏名**
> 　千葉県市川市○○　○丁目○番○号　佐藤誠一
> ※　氏名が一緒でも住所が異なるので、同一人物とはみなされません。

❷ 亡くなった人の住民票を「住民票除票」という

　人は死亡すると住民登録が抹消されます。抹消された住民票のことを、除かれた住民票ということで「**住民票除票**（じゅうみんひょうじょひょう）」といいます。

　正確にいうと、住民票や住民票除票そのものは役所で管理されているので、役所で取得できるのは「住民票の写し」「住民票除票の写し」になりますが、写しと書くとコピーと間違えてしまうので、本書では住民票、住民票除票という表現を使用します。住民票除票には通常、次の4項目が記載されますが、本籍は省略されています。相続登記で住民票除票を取得するときは、「**本籍が記載された住民票除票を取得**」してください。

● 住民票除票に記載されている項目

A 死亡時の住所	C 生年月日
B 氏名	D 「死亡したこと」および「死亡年月日」

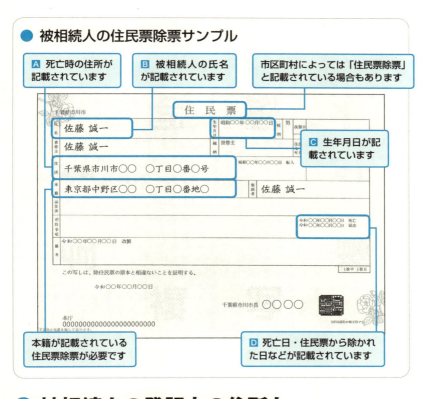

❸ 被相続人の登記上の住所と住民票除票の住所が一致しない場合

　被相続人の登記上の住所（不動産を購入したときの住所）と住民票除票の住所（死亡したときの住所）が一致しないというCASEは少なくありません。「**不動産を取得したときから年月が経っていれば、その間に住所が点々とすることはよくある話**」です。住所変更のたびに登記上の住所も変更していれば問題はないのですが、通常はそこまでしません。そうすると、「**登記されている被相続人の住所と住民票除票の住所が一致しないことになり、このままでは同一人物とみなされない**」ことになってしまいます。

　このような場合は、「**登記上の住所と住民票除票の住所のつながりを証する書類が必要**」となってきます。つまり、住所の履歴がわかる書類が必要ということです。

121

● **不動産を購入してから引越しをしている場合は要注意**

> **引越しが1度だけ**
> 住民票除票に前住所が載っているのでつながりがわかる
>
> **住所を転々としている**
> 住民票除票だけではつながりがわからない
> ⇒それぞれの住所地で住民票除票を集めていくか、「戸籍の附票（または除附票）」を取ることになる

「"戸籍の附票（または除附票）"というのは、その本籍において住所の一覧が記載されている書類」です。住民票と違うのは、住所地ではなく本籍地で取得できる点と、住所の一覧が記載される点です。

取得のしかたは戸籍謄本と同じなので、140頁を参考にしてください。請求する際は、余白に「○○県○○市○○ ○丁目○番○号（登記上の住所）と死亡時の住所のつながりがわかるものを発行してください」と書いておくと、間違いがありません。

≪住民票除票や戸籍の附票（または除附票）が廃棄されている場合

令和元年6月20日の法改正により、住民票除票や戸籍の附票（または除附票）の保存期間が5年から150年になりました。平成26年以前に被相続人が死亡している場合、住民票除票や戸籍の附票（または除附票）は、既に廃棄されてしまっている可能性があります。廃棄されてしまっていると、所有者として登記されている人物と戸籍謄本上の人物が同一人物であるという判断ができません。

このような場合、登記の申請をする法務局によって対応は若干異なりますが、おおむね次の3つの書類を代わりに提出することになります。法務局によって必要となる書類も違うことがあるので、あらかじめ相続登記を申請する法務局に確認してください。

A 市区町村から発行される廃棄証明書（廃棄済証明書）
B 市区町村で取得する不在住・不在籍証明書
C 権利証、納税通知書など、所有者であれば通常持っている書類

≪A 市区町村から発行される廃棄証明書（廃棄済証明書）

　市区町村に請求すれば、住民票除票や戸籍の附票を廃棄した旨の証明書を発行してもらえる場合があります。申請人から言わないと発行してもらえないことが多いので、「被相続人の死亡時の住所と登記上の住所の一覧がわかる住民票除票・戸籍の附票が取れない」ことが市区町村から連絡が来たら、廃棄証明書（廃棄済証明書）を発行してほしい旨を伝えます。

≪B 市区町村で取得する不在住・不在籍証明書

　「**不在住証明書とは、申請日現在において、申請された住所・氏名が一致する住民票などが存在しないことを証明する書類**」です。取得のしかたは、住民票・住民票除票と同じなので、126頁を参照して、「その他の証明」のところで「不在住証明書」にチェック（または記入）を入れます。住所欄には登記上の住所を記載します。

　「**不在籍証明書とは、申請日現在において、申請された本籍・氏名が一致する戸籍などが存在しないことを証明する書類**」です。取得のしかたは戸籍謄本や住民票・住民票除票と同じなので、140頁を参照して、「その他の証明」のところで「不在籍証明書」にチェック（または記入）を入れます。本籍欄には登記上の住所を記載します。

　不在住証明書や不在籍証明書がなぜ必要かというと、たとえば、登記上の住所・氏名が「東京都中央区○丁目○番○号　佐藤誠一」であるにもかかわらず、その住所地に佐藤誠一さんがいない場合、その不在住証明書・不在籍証明書を取得することで、「東京都中央区○丁目○番○号を住所・本籍とする佐藤誠一は生存しない」という証明になります。

　逆にいうと、「東京都中央区○丁目○番○号を住所とする佐藤誠一の住民票」や「東京都品川区○丁目○番○号を本籍とする佐藤誠一の戸籍謄本」が取得できるのであれば、この住所・本籍の人物は生存していることになります。つまり、今回対象となっている佐藤誠一さんは被相続人（死亡しているはず）なので、登記上存在している佐藤誠一さんとは別人物であると法務局はみなします。

> **不在住証明書**
> 　その住所にその名前の人が住民登録していないことの証明書
>
> **不在籍証明書**
> 　その本籍にその名前の人の戸籍がないことの証明書

● 戸籍の附票サンプル

> 死亡していると「除籍」と記載されます

> 法改正により、令和4年1月11日から、「本籍」「筆頭者」は原則省略されます。相続登記においては、本籍と筆頭者の記載がある戸籍の附票が必要ですので、取得する際には、本籍と筆頭者を表示する旨申し出て下さい。

（1の1）　全部証明

改製日	平成〇〇年〇〇月〇〇日
本　籍	東京都中野区〇〇　〇丁目〇番地〇
氏　名	佐藤　誠一

附票に記録されている者 除　籍	【名】誠一 【生年月日】昭和〇年〇月〇日　【性別】男 【住　所】千葉県市川市〇〇　〇丁目〇番〇号 【住定日】平成〇〇年　〇〇月〇〇日
	【住　所】東京都中野区〇〇　〇丁目〇番〇号 【住定日】平成〇〇年　〇〇月〇〇日
	【住　所】東京都中央区〇〇　〇丁目〇番〇号 【住定日】平成〇〇年　〇〇月〇〇日
附票に記録されている者	【名】薫 【生年月日】昭和〇年〇月〇日　【性別】女 【住　所】千葉県市川市〇〇　〇丁目〇番〇号 【住定日】平成〇〇年　〇〇月〇〇日
附票に記録されている者	【名】和也 【生年月日】昭和〇年〇月〇日　【性別】男 【住　所】千葉県市川市〇〇　〇丁目〇番〇号 【住定日】平成〇〇年　〇〇月〇〇日

以下余白

発行番号 00000000
この写しは，戸籍の附票の原本と相違ないことを証明する。

令和〇〇年〇〇月〇〇日　　　　中野区長　〇〇　〇〇

区の花つつじ

この証明書には「すかし」等の不正防止措置を施しております

> 過去の住所の一覧。登記上の住所が載っているか確認します

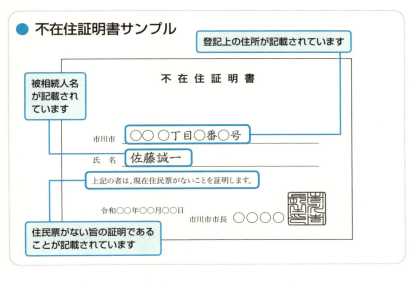

≪ C 権利証、納税通知書など、所有者であれば通常持っている書類

　不動産を売買や相続で取得した際に法務局から発行された「**権利証**」や、毎年5～6月に送付されてくる「**納税通知書**」は、所有者であれば通常保管している書類なので、このような書類を提出することで、登記上の所有者と被相続人が一致するという証明のひとつになります。

❹ 不動産を相続する相続人の住民票

　相続登記を申請すると、新しい所有者である相続人の住所、氏名が登記されます。そのため、相続人の住所を証明する書類として住民票が必要になります。不動産を相続しない相続人は登記と関係がないので、住民票は不要です。3つの相続CASEで整理すると、次のようになります。

● 不動産を相続する際に、住民票がいる相続人といらない相続人

遺言・遺産分割協議	不動産を相続する相続人のみ住民票が必要
法定相続	法定相続は相続人全員が不動産を相続することになるため、相続人全員の住民票が必要

125

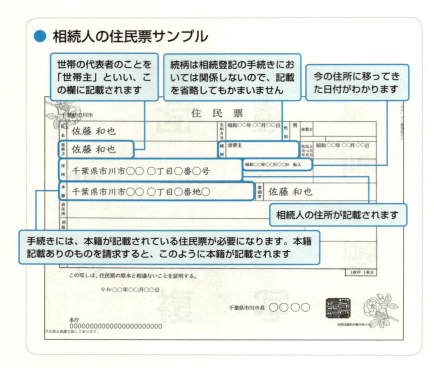

❺ 取得のしかた

● 相続人の住民票の取得のしかた

	詳　細
請求先	相続人の住所地の市区町村役場
請求できる人	❶ 本人、同じ世帯の人（同じ住民票に入っている人） ❷ 相続人など、自己の権利の行使または義務の履行のために必要な人 ❸ 代理人（委任状が必要）
取得費用	住民票：1通300円前後 ※ 取得費用は自治体によって異なります
必要書類	❶ 請求者の本人確認書類 　（運転免許証、写真つきのマイナンバーカード、住基カードなど） 　※ 代理人に依頼する場合は代理人の本人確認書類が必要 ❷ 代理人に取得を依頼する場合は委任状
請求方法	市区町村役場の窓口で取得するか、郵送での請求

● **被相続人の住民票除票の取得のしかた**

	詳細
請求先	被相続人の最後の住所地の市区町村役場
請求できる人	❶ 本人、同じ世帯の人（同じ住民票に入っている人） ❷ 相続人など、自己の権利の行使または義務の履行のために必要な人 ❸ 代理人（委任状が必要）
取得費用	住民票：1通300円前後 ※ 取得費用は自治体によって異なります
必要書類	❶ 請求者の本人確認書類 （運転免許証、写真つきのマイナンバーカード、住基カードなど） ※ 代理人に依頼する場合は代理人の本人確認書類が必要 ❷ 請求者が相続人であることを証する書類として、請求者の戸籍謄本など ❸ 代理人に取得を依頼する場合は委任状
請求方法	市区町村役場の窓口で取得するか、郵送での請求

❻ 役所の窓口での取得方法

　本籍地の市区町村役場の窓口に、所定の申請用紙「**住民票交付請求書**」があるので、必要事項を記入して（129、130頁記載サンプル参照）窓口に提出してください。

　行政サービスセンターやコンビニエンスストアなど市区町村役場以外の場所でも取り扱っている場合があるので、あらかじめ市区町村へ確認しておきましょう。

❼ 郵送での取得方法

　平日に窓口に出向けない場合や遠方の住所地の場合は、郵送での請求も可能です。郵送請求は、まず、請求先の市区町村役場のホームページから、「**住民票交付請求書（住民票に関する証明書交付請求書）**」（市区町村によって名前が違います）をダウンロードします。必要事項を記入したら、次頁の必要書類を同封して、請求先に送付します。記入事項は窓口の場合と変わりません。

ここでひとつ注意ですが、「**郵送請求の場合、切手を貼った返信用封筒と手数料分の定額小為替が必要**」です。請求書に同封する一般的な必要書類は窓口での請求と同じですが、市区町村によって取り扱いが若干異なるので、詳細は各市区町村のホームページで確認しましょう。

● 住民票を郵送請求する際に必要な書類

A 請求者の本人確認書類（運転免許証、写真つきのマイナンバーカード、住基カードなど）のコピー
　　※ 代理人による場合は代理人の本人確認書類のコピーが必要
B 請求者が相続人であることを証する書類として、請求者の戸籍謄本などのコピー（被相続人の住民票除票を請求する際に必要）
　　※ 相続人自身の住民票を請求する場合は不要
C 代理人に取得を依頼する場合は委任状
D 切手を貼った返信用封筒
E 手数料分の定額小為替（135頁 COLUMN 参照）

注）平成28年1月から個人番号（マイナンバー）の利用が開始されていますが、不動産登記の手続きにおいては、個人番号を利用することはできません。そのため、個人番号の記載がない住民票を取得してください。

住民票を取得する時は、通常の記載次項に加え、本籍の記載がされたものを、戸籍の附票を取得する時は、本籍と筆頭者の記載もされたものを請求しましょう。

● **住民票交付請求書（不動産を相続する相続人の住民票）サンプル**

相続登記手続きにおいては、世帯全員のものでなくてもよいので、相続人個人のものを請求します

請求日を記載します

相続人の住所を記載します

住民票の写し等交付申請書

市川市長あて

①どなたのものが必要ですか　　　　　　令和〇〇年〇〇月〇〇日

住所	市川市〇〇　　〇丁目　　〇番地　〇号
	アパート・マンション名（　　　　　）

全員のとき（世帯主の氏名または通称／生年月日）
フリガナ
明・大・昭・平・西暦　　年　月　日　（西暦表示は外国人の方のみ）

個人のとき（必要な人の氏名または通称／生年月日）
フリガナ　サトウ　カズヤ
佐藤 和也
明・大・㊔・平・西暦　〇〇年〇〇月〇〇日　（西暦表示は外国人の方のみ）

基本的に相続人個人の住民票にチェックを入れます

②なにが必要ですか　（該当する□にレを記入してください）
☑ 住民票　　　（世帯全員　　　通）（個人　1　通）
□ 住民票除票・改製原（世帯全員　　　通）（個人　　　通）
□ その他の証明　（記載事項証明・不在住・不在籍証明　　　通）

③住民票に次の事項をのせますか　（該当する□にレを記入してください）
□ 続柄　（日本人）　☑ 本籍
（外国人）□ 国籍等　□ 在留資格等　□ 在留カード等の番号　□ 通称履歴
※住民票コードの記載が必要な方は、お申し出ください。

「本籍」の記載が必要なので、必ずチェックを入れます

④窓口に来られた方　（該当する□にレを記入してください）
☑ 本人（①の者）　□ 同じ世帯の人　□ 本人の代理人（委任状が必要）

氏名		電話	－ －

※現住所が①の住所と異なる場合のみ、下欄にお書きください

現住所	

※法人が請求される場合は代表者欄に押印の上、所在地のわかる証明書を添付してください。

□ その他の方	氏名		電話	－ －
	住所			
	法人名		所在地	
	代表者	㊞		
	請求理由	相続登記		

※プライバシーの侵害等につながる不当な請求には応じられません。
※偽りその他の不正手段により交付を受けたときは30万円以下の罰金に処せられます。

※本人確認書類等職員記入欄
【1点確認の場合（顔写真付）】
□住B　□免　□パ　□身手　□官公（　　　　　）□在　　□世帯連記　□住民票コード
【複数点確認の場合（顔写真無等）】　　　　　　　　□個人票　　□委任状
□住A　□保　□社　□学　□年　□その他（　　　　）　　　　　□契約書
【確認事項】本籍・従前の住所・家族構成・（　　）の生年月日・その他（　　　）

受付	処理	交付		手数料	

該当するところにチェックを入れます。自身の住民票を請求するときは本人のところにチェックを入れます

請求理由に「相続登記」と記載します

129

● **住民票交付請求書（被相続人の住民票除票）サンプル**

- 基本的に被相続人個人の住民票除票で問題ありません
- 被相続人の死亡時の住所、氏名、生年月日を記載します
- 相続登記以外の手続きでも使用する場合は、まとめて取っておくようにします
- 請求日を記載します

住民票の写し等交付申請書

市川市長あて
①どなたのものが必要ですか　　　　　令和○○年○○月○○日

住　所	市川市○○　○丁目　○番／番地　○号
	アパート・マンション名（　　　　　　　　　）

全員のとき
世帯主の氏名または通称
フリガナ
生年月日　明・大・昭・平・西暦　年　月　日（西暦表示は外国人の方のみ）

個人のとき
必要な人の氏名または通称
フリガナ　サトウ　セイイチ
佐藤　誠一
生年月日　明・大・㊻・平・西暦　○○年○○月○○日（西暦表示は外国人の方のみ）

②なにが必要ですか　（該当する口にレを記入してください）
- □ 住民票　　　　　（世帯全員　　通）（個人　　通）
- ☑ 住民票除票・改製原（世帯全員　　通）（個人　**1**　通）
- □ その他の証明　　（記載事項証明・不在住・不在籍証明　通）

- 「本籍」の記載が必要なので、必ずチェックを入れます

③住民票に次の事項をのせますか（該当する口にレを記入してください）
- □ 続柄　（日本人）☑ 本籍
- 　　　　（外国人）□ 国籍等　□ 在留資格等　□ 在留カード等の番号　□ 通称履歴
- ※住民票コードの記載が必要な方は、お申し出ください。

④窓口に来られた方（該当する口にレを記入してください）
- □ 本人（①の者）　☑ 同じ世帯の人　□ 本人の代理人（委任状が必要）

| 氏名 | 佐藤 和也 | 電話 | 03 －0000－0000 |

※現住所が①の住所と異なる場合のみ、下欄にお書きください
現住所

※法人が請求される場合は代表者欄に押印の上、所在地のわかる証明書を添付してください。

□ その他の方	氏名	電話	－ －
住所			
法人名		所在地	
代表者	印		

| 請求理由 | 相続登記 |

※プライバシーの侵害等につながる不当な請求には応じられません。
※偽りその他の不正手段により交付を受けたときは30万円以下の罰金に処せられます。

※本人確認書類等職員記入欄
【1点確認の場合（顔写真付）】
□住B　□免　□パ　□身手　□官公（　　　）□在　□世帯連記　□住民票コード
【複数点確認の場合（顔写真無等）】　　　　　　　□個人票　　□委任状
□住A　□保　□社　□学　□年　□その他（　　）　　　　　　　□契約書
【確認事項】本籍・従前の住所・家族構成・（　　）の生年月日・その他（　　　　）

| 受　付 | 処　理 | 交　付 | 手数料 |

- 請求者の情報を記載します。被相続人と同世帯の人はチェックを入れます
- 被相続人と異なる世帯の人が請求する場合は、請求理由に「相続登記」と記載します

130

5-3 どのCASEでも必要な書類を集める

1. 被相続人の死亡の記載がある戸籍謄本（除籍謄本）

❶ 取得のしかた

被相続人（亡くなった人）が死亡したことを証明する書類として、「**被相続人の死亡の記載がある"戸籍謄本（除籍謄本）"はどの相続のCASEにおいても必要な書類**」です。各種手続・届出のために、必ず使う書類なので、取得のしかたを覚えておいてください。

● 戸籍謄本（除籍謄本）の取得のしかた

	詳　細
請求先	本籍地の市区町村役場
請求できる人	❶ 戸籍に記載されている人・その配偶者または直系の親族 ❷ 相続人など、自己の権利の行使または義務の履行のために必要な人 ❸ 代理人（委任状が必要）
取得費用	戸籍謄本：1通450円 除籍謄本：1通750円
必要書類	❶ 請求者の本人確認書類 　（運転免許証、写真つきのマイナンバーカード、住基カードなど） 　※ 代理人に依頼する場合は代理人の本人確認書類が必要 ❷ 請求者が相続人であることを証する書類として、請求者の戸籍謄本など 　※ 同じ戸籍に入っている場合は不要 ❸ 代理人に取得を依頼する場合は委任状（134頁参照）
請求方法	市区町村役場の窓口で取得するか、郵送での請求

131

❷ 役所の窓口での取得方法

　本籍地の市区町村役場の窓口に、所定の申請用紙「**戸籍謄本交付請求書**」があるので、必要事項を記入して（右頁サンプル参照）窓口に提出してください。
　行政サービスセンターやコンビニなど市区町村役場以外の場所でも取り扱っている場合があるので、あらかじめ市区町村へ確認しておきましょう。

❸ 郵送での取得方法

　平日に窓口に出向けない場合や遠方の本籍地の場合は、郵送での請求も可能です。郵送請求は、まず、請求先の市区町村役場のホームページから、「**戸籍謄本交付請求書（戸籍に関する証明書交付請求書）**」（市区町村によって名前が違います）をダウンロードします。必要事項を記入したら、下記の必要書類を同封して、前頁の請求先に送付します。記入事項は窓口の場合と変わりません。
　ここでひとつ注意ですが、「**郵送請求の場合、切手を貼った返信用封筒と手数料分の定額小為替が必要**」です。請求書に同封する一般的な必要書類は窓口での請求と同じですが、市区町村によって取り扱いが若干異なるので、詳細は各市区町村のホームページで確認しましょう。

● 戸籍謄本（除籍謄本）を郵送請求の際に必要な書類

A 請求者の本人確認書類（運転免許証、写真つきのマイナンバーカード、住基カードなど）のコピー
　※ 代理人の場合は代理人本人の確認書類のコピーが必要
B 請求者が相続人であることを証する請求者の戸籍謄本などのコピー
　※ 同じ戸籍に入っている場合は不要
C 代理人に取得を依頼する場合は委任状
D 切手を貼った返信用封筒
E 手数料分の定額小為替（135頁 COLUMN 参照）

● 戸籍謄本交付請求書サンプル

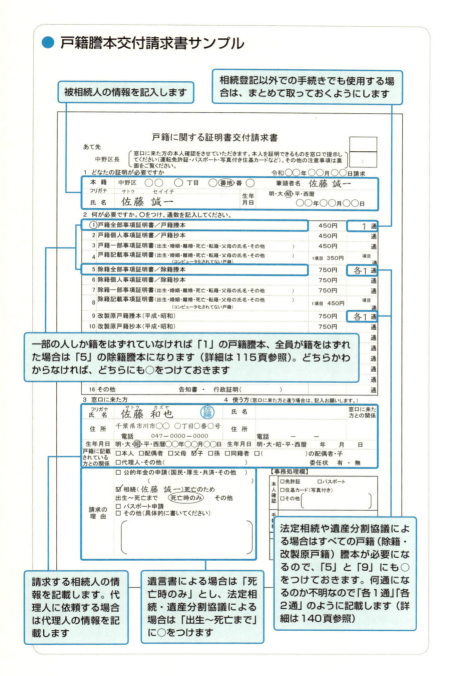

133

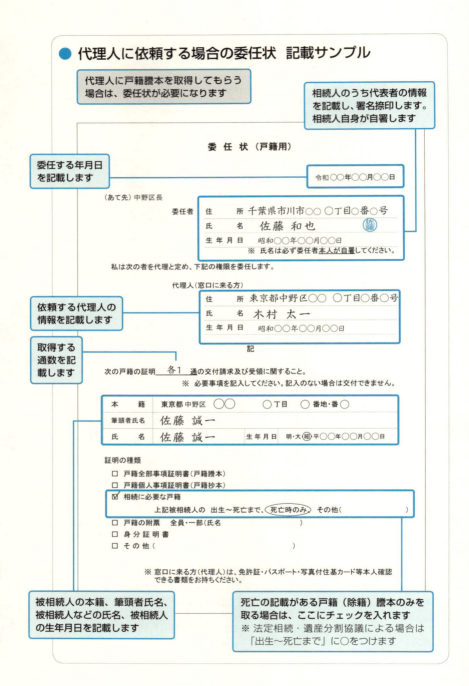

COLUMN

定額小為替とは？

　戸籍謄本などを郵送で請求する場合、費用の支払いは定額小為替となります。多くの市区町村で、現金や収入印紙、切手では支払うことができないので注意が必要です。

● 定額小為替サンプル

　定額小為替は、郵便局の貯金窓口で購入することができます（郵便窓口では取り扱っていません）。定額小為替は、300円、450円、750円と金額に応じていくつかの種類があり、ひとつの定額小為替を購入するのに、手数料が200円かかります。つまり、50円の定額小為替を購入するには250円、1,000円の定額小為替を購入するには1,200円が必要となります。

　余談ですが、750円かかる除籍謄本は、300円と450円の定額小為替を組みあわせるよりも、750円の定額小為替を購入したほうが200円安くすみます。手数料分ぴったりの定額小為替を送付するのが理想的ですが、出生まで戸籍謄本をさかのぼって集める場合など、あらかじめ取得通数がわからないときは、少し多めに定額小為替を入れておくと多少無駄になっても手間と時間が省けます。使用しなかった定額小為替は返却してもらえます。

5-3 どのCASEでも必要な書類を集める

2. 相続人の戸籍謄本の集め方

❶ 相続人の戸籍謄本は、現在のものを取得

　相続登記では、被相続人の戸籍謄本（除籍謄本、改製原戸籍謄本）一式だけでなく、「**相続人の戸籍謄本を提出する**」必要があります。なぜ相続人の戸籍謄本が必要なのでしょうか。それは「**相続人の生存確認をする**」ためです。被相続人の戸籍謄本（除籍謄本、改製原戸籍謄本）一式を取得すれば相続人がわかりますが、その相続人が現在生きているかどうかはわかりません。もしかしたら、被相続人よりも先に相続人が亡くなっているかもしれません。そのような場合には相続人の構成が変わり、取得する相続人の戸籍謄本なども増えることになります。相続人の生存確認（戸籍謄本に死亡の記載がないこと）のために、相続人の戸籍謄本が必要なのです。

　「**相続人が取得すべき戸籍謄本は、現在の戸籍謄本だけ**」で、改製原戸籍謄本や除籍謄本は不要です。相続人が生きているという確認ができればいいので、原則、現在効力のある戸籍謄本で十分ですが、相続人が亡くなっている場合は集める戸籍謄本などが変わります（160頁参照）。

● 相続人の戸籍謄本（除籍謄本）の取得のしかた

	詳　細
請求先	本籍地の市区町村役場
請求できる人	❶ 戸籍に記載されている人・その配偶者または直系の親族 ❷ 代理人（委任状が必要）
取得費用	戸籍謄本：1通450円
必要書類	❶ 請求者の本人確認書類（運転免許証、写真つきのマイナンバーカード、住基カードなど） ※ 郵送で取得する場合はコピーを送ります 　代理人に依頼する場合は代理人の本人確認書類が必要 ❷ 代理人に取得を依頼する場合は委任状
請求方法	市区町村役場の窓口で取得するか、郵送での請求

❷ 役所の窓口での取得方法

　本籍地の市区町村役場の窓口に、所定の申請用紙「**戸籍謄本交付請求書**」があるので、必要事項を記入して（次頁サンプル参照）窓口に提出してください。
　行政サービスセンターやコンビニなど市区町村役場以外の場所でも取り扱っている場合があるので、あらかじめ市区町村へ確認しておきましょう。

❸ 郵送での取得方法

　平日に窓口に出向けない場合や遠方の本籍地の場合は、郵送での請求も可能です。郵送請求は、まず、請求先の市区町村役場のホームページから、「**戸籍謄本交付請求書（戸籍に関する証明書交付請求書）**」（市区町村によって名前が違います）をダウンロードします。必要事項を記入したら、前頁の必要書類を同封して、前頁の請求先に送付します。記入事項は窓口の場合と変わりません。
　ここでひとつ注意ですが、「**郵送請求の場合、切手を貼った返信用封筒と手数料分の定額小為替が必要**」です。請求書に同封する一般的な必要書類は窓口での請求と同じですが、市区町村によって取り扱いが若干異なるので、詳細は各市区町村のホームページで確認しましょう。

COLUMN
同じ戸籍に入っている場合は1通でいい

　被相続人と相続人が同じ戸籍に入っている場合、被相続人の戸籍謄本を1通取得すれば問題ありません。被相続人の戸籍謄本を見れば、相続人の情報も載っているからです。つまり、「**同じ内容の戸籍謄本は重複して取得する必要はありません**」。たとえば、被相続人と相続人Aと相続人Bがみんな同じ戸籍に入っている場合、被相続人の戸籍謄本を1通取得すればよく、3通取得する必要はありません。

● **戸籍謄本交付請求書サンプル**

相続人の情報を記入します

相続登記以外での相続でも使用する場合は、まとめて取っておくようにします

請求年月日を記載します

戸籍証明書等の交付申請書

戸籍謄本等は**市川市に本籍地がある方のみ発行できます**（受理証明書・届出書の写しを除く）

市川市長

①どなたのものが必要ですか　　　　　　　　令和○○年○○月○○日

本　籍	市川市○○　　　　　○丁目　　　○番 （番地）
筆頭者氏名・生年月日	フリガナ　サトウ　カズヤ 佐藤　和也 明・大・㊐平○○年○○月○○日	個人の場合、どなたのものが必要ですか。 フリガナ　サトウ　カズヤ 佐藤　和也 明・大・㊐平○○年○○月○○日

②なにが必要ですか　※1ヶ月以内に戸籍の届出をされましたか。（ はい ・ いいえ ）

1 戸籍全部事項証明（戸籍謄本）	1 通	8 身分証明書	通
2 戸籍個人事項証明（戸籍抄本）	通	9 受理証明書	
3 除籍全部事項証明（除籍謄本）	通	婚姻、離婚、出生、死亡（　　）	通
4 除籍個人事項証明（除籍抄本）	通	10 届出書の写し	
5 改製原戸籍謄本（昭和・平成）	通		通
6 改製原戸籍抄本（昭和・平成）	通	11 戸籍記載事項証明	件
7 戸籍附票　全員　通　個人	通	12 その他	通

戸籍謄本のところに○をし、取得通数を記載します

③請求者（窓口に来られた方）　※筆頭者からみた関係は、該当する口にレを記入してください。

住　所	市川市○○　○丁目○番○号		
氏　名	佐藤　和也	電話	047－000－0000
筆頭者からみた関係	☑本人　□配偶者　□子　□孫　□父母　□祖父母 □代理人（本人等からの直筆の委任状持参）　□その他（　　）		

※請求者が法人の場合は以下に記載してください。代表者の資格を証する書面の提出が必要です。（作成から3ヶ月以内のもの）

| 法人名 | | | |
| 代表者 | 印 | 所在地 | |

④請求理由
③欄で、口**その他**にチェックされた方は、下記のいずれかにチェックし、請求理由を詳しく記載してください。
上記請求理由を確認できる資料の提出をお願いします。

□ 権利行使・義務履行のため　　　□ 国又は地方公共団体の機関に提出
☑ その他
［　相続（佐藤誠一　死亡のため）　　　　　　　　　］

※本人確認書類
【1点確認の場合】
□住基カード（写真付）　□運転免許証　□パスポート　□官公署発行写真付身分証明書等（　）
【複数点確認の場合】
□住基カード（写真無）　□保険証　□社員証　□学生証　□年金手帳
□その他の身分証明書等（　　）
【確認事項】

※プライバシーの侵害等につながる不当な請求には応じられません。
※偽りその他の不正手段により交付を受けたときは30万円以下の罰金に処せられます。

| 受　付 | | 手数料 | |

請求者である相続人の情報を記載します。代理人に依頼する場合は、代理人の情報を記載します
※ 代理人に依頼する場合の委任状は134頁参照

請求理由は、相続である旨を記載します

● 相続人の戸籍謄本サンプル

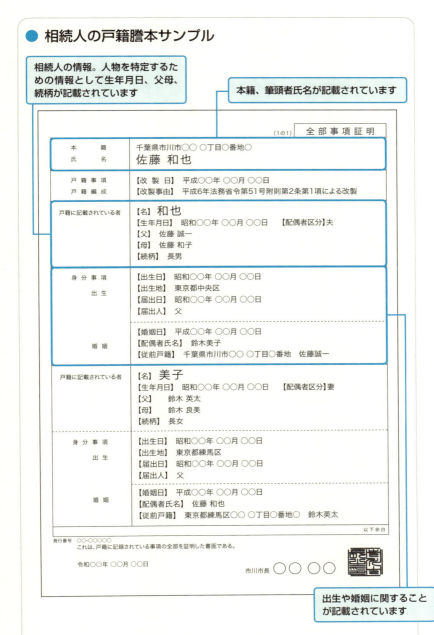

5-4 法定相続・遺産分割協議に必要な書類を集める

1. 被相続人の出生から死亡までのすべての戸籍謄本（除籍謄本、改製原戸籍謄本）

❶ 遺言書がない場合には必ず必要になる

　遺言書がないと、「法定相続」や「遺産分割協議」で相続登記を進めることになります。その場合、「**被相続人（亡くなった人）の死亡の記載がある戸籍謄本（除籍謄本）のほかに、被相続人（亡くなった人）の出生から死亡までのすべての戸籍謄本（除籍謄本、改製原戸籍謄本）が必要**」になります。

≪死亡の記載があるのに「死亡時の戸籍謄本（除籍謄本）」だけではダメなの？

　年金などの各種手続きで、「**被相続人の死亡の記載がある戸籍謄本（除籍謄本）**」をすでに取得している場合、相続の各種手続きでは、この死亡時の戸籍謄本（除籍謄本）だけですむことも多数あります。
　しかし、遺言書がある場合を除く相続登記においては、これに加えて、「**出生までさかのぼった過去の戸籍謄本すべてが必要**」となります。
　死亡の記載があるのに、死亡時の戸籍謄本（除籍謄本）だけではなぜダメなのでしょうか？
　これは、「**被相続人の死亡から出生まで戸籍をさかのぼり、相続人が誰であるかを特定する必要がある**」からです。相続人が誰かを調べようとしたら、被相続人が生まれたときから亡くなるまで、すべての戸籍を見なければわかりません。直近の死亡時の戸籍謄本（除籍謄本）には死亡の記載はありますが、その本籍において現時点で有効な最低限の情報しか載っていません。たとえば、ある人が離婚して再婚した場合、直近の戸籍謄本（除籍謄本）には離婚前の情報は記載されていません。よって、過去の戸籍の情報までは載っていないので、古い戸籍を集める必要があるのです。

結婚しているのかどうか、離婚しているならその後再婚したのか、その間に子どもは何人生まれたのか、養子縁組をしていないかといった情報は、その人の出生から死亡までのすべての戸籍を見てはじめてわかるものなのです。

　独身の人の場合も、今まで本当に1度も結婚していないかを調べるには、やはり生まれたときまでの戸籍謄本をさかのぼって見てみないとわかりません。実は過去に結婚したことがあり、妻側に子どもが引き取られていた、なんてこともあるかもしれないからです。

❷ 取得のしかた

　戸籍謄本集めは、なかなかどうして簡単なものではありません。まさにここが、相続登記手続きを進めていくうえでの最大の山場といえるでしょう。「**自分で相続登記をしようとする人にとって、まず立ちはだかる大きな壁が、この戸籍謄本集め**」なのです。戸籍謄本集めに取り掛かったのはいいのですが、残念ながら断念してしまう人も多くいます。時間も手間もかかるので、根気がいる作業であることは間違いありません。誰でもできる簡単な作業だとは決していえませんが、ポイントを押さえればそれほど困難なものではありません。

　出生から死亡までの戸籍謄本（除籍謄本、改製原戸籍謄本）一式を集める際、どうしたら少しでも追いかけやすくなるかというと、集める順番がポイントになります。集める順番は、「**死亡時の戸籍謄本（除籍謄本）から逆に出生までさかのぼって取得**」していきます。出生から順番に集めていったほうがわかりやすいように思いますが、そもそも出生時の本籍が判明していることは稀です。少なくとも死亡時の本籍はわかっていることが大半であるため、死亡時からさかのぼっていくのがベストな方法です。

● 戸籍謄本（除籍謄本）の取得のしかた

	詳　細
請求先	本籍地（過去の本籍地含む）の市区町村役場
請求 できる人	❶ 戸籍に記載されている人、その配偶者または直系の親族 ❷ 相続人など、自己の権利の行使または義務の履行のために必要な人 ❸ 代理人（委任状が必要）

（次頁に続く）

	詳　細
取得費用	戸籍謄本：1通450円 除籍謄本、改製原戸籍謄本：1通750円
必要書類	❶ 請求者の本人確認書類 　（運転免許証、写真つきのマイナンバーカード、住基カードなど） ※ 郵送で取得する場合はコピーを送ります 　代理人に依頼する場合は代理人の本人確認書類が必要 ❷ 請求者が相続人であることを証する書類として、請求者の戸籍謄本など ※ 同じ戸籍に入っている場合は不要 ❸ 代理人に取得を依頼する場合は委任状
請求方法	市区町村役場の窓口で取得するか、郵送での請求

❸ 役所の窓口での取得方法

　本籍地の市区町村役場の窓口に、所定の申請用紙「**戸籍謄本交付請求書**」があるので、必要事項を記入して（右頁サンプル参照）窓口に提出してください。

　行政サービスセンターなど市区町村役場以外の場所でも取り扱っている場合があるので、あらかじめ市区町村へ確認しておきましょう。

❹ 郵送での取得方法

　平日に窓口に出向けない場合や遠方の本籍地の場合は、郵送での請求も可能です。郵送請求は、まず、請求先の市区町村役場のホームページから、「**戸籍謄本交付請求書（戸籍に関する証明書交付請求書）**」（市区町村によって名前が違います）をダウンロードします。必要事項を記入したら、上記の必要書類を同封して、上記の請求先に送付します。記入事項は窓口の場合と変わりません。

　ここでひとつ注意ですが、「**郵送請求の場合、切手を貼った返信用封筒と手数料分の定額小為替が必要**」です。請求書に同封する一般的な必要書類は窓口での請求と同じですが、市区町村によって、取り扱いが若干異なるので、詳細は各市区町村のホームページで確認しましょう。

● 戸籍謄本交付請求書サンプル
（出生までのものをさかのぼって取得する場合）

被相続人の情報を記入します。筆頭者名はわかれば記載します

余白に被相続人の出生から死亡まで一式の戸籍を取得したい旨を記載します

戸籍に関する証明書交付請求書

あて先　中野区長

窓口に来た方の本人確認をさせていただきます。本人を証明できるものを窓口で提示してください（運転免許証・パスポート・写真付き住基カードなど）。その他の注意事項は裏面をご覧ください。

令和○○年○○月○○日請求

1　どなたの証明が必要ですか

本籍	中野区○○　○丁目　⑲番地 番	筆頭者名	佐藤 誠一
フリガナ	サトウ　セイイチ	生年月日	明・大・㊐・平・西暦 ○○年○○月○○日
氏名	佐藤 誠一		

2　何が必要ですか。○をつけ、通数を記入してください。

①	戸籍全部事項証明書／戸籍謄本	450円	各1通
2	戸籍個人事項証明書／戸籍抄本	450円	通
3	戸籍一部事項証明書（出生・婚姻・離婚・死亡・転籍・父母の氏名・その他　　）	450円	通
4	戸籍記載事項証明書（出生・婚姻・離婚・死亡・転籍・父母の氏名・その他　　）（コンピュータ化されてない戸籍）	1項目 350円	項目 通
⑤	除籍全部事項証明書／除籍謄本	750円	各1通
6	除籍個人事項証明書／除籍抄本	750円	通
7	除籍一部事項証明書（出生・婚姻・離婚・死亡・転籍・父母の氏名・その他　　）	750円	通
8	除籍記載事項証明書（出生・婚姻・離婚・死亡・転籍・父母の氏名・その他　　）（コンピュータ化されてない戸籍）	1項目 450円	項目 通
⑨	改製原戸籍謄本（平成・昭和）	750円	各1通
10	改製原戸籍抄本（平成・昭和）	750円	通
11	戸籍の附票（全部・個人）	300円	通
12	身分証明書	300円	通
13	受理証明書　平成　年　月　日（　　届）	350円	通
14	届書記載事項証明書　平成　年　月　日（　　届）	350円	通
15	不在籍証明書	300円	通
16	その他　　告知書・行政証明（　　）		通

※佐藤誠一の出生までの中野区内で取得できるものはすべて

該当の1、5、9に丸をつけます

何通になるか不明なので「各1通」「各2通」のように記載します

3　窓口に来た方　　　　4　使う方（窓口に来た方と違う場合は、記入お願いします。）

フリガナ	サトウ　カズヤ	氏名		窓口に来た方との関係
氏名	佐藤 和也　㊞			
住所	千葉県市川市○○　○丁目○番○号 電話 000-0000-0000	住所	電話 - -	
生年月日	明・大・㊐・平・西暦○○年○○月○○日	生年月日	明・大・昭・平・西暦　年　月　日	
戸籍に記載されている方との関係	☐本人 ☐配偶者 ☐父母 ☑子 ☐孫 ☐同籍者 ☐代理人・その他（　　　　）	☐（　）の配偶者・子 委任状 有・無		

請求の理由
☐公的年金の申請（国民・厚生・共済・その他　）
（　　　　　）
☑相続（佐藤 誠一）死亡のため
（出生～死亡まで）　死亡時のみ　その他
☐パスポート申請
☐その他（具体的に書いてください）

【事務処理欄】
本人確認：☐免許証 ☐パスポート ☐住基カード（写真付き） ☐その他
手数料：有料 通　円／無料 通
受付　作成　確認

請求の理由は相続を選び「出生～死亡まで」を選びます

請求する相続人の情報を記載します。代理人に依頼する場合は代理人の情報を記載します。代理人に依頼する場合の委任状は134頁参照

第0章　自分で相続登記ができるかどうか診断してみよう
第1章　相続登記のポイントを知っておこう
第2章　知らないと損をする相続の常識
第3章　相続のしかたを決める
第4章　不動産の情報を調べる
第5章　必要な書類を集める

143

❺ 被相続人の出生から死亡までの すべての戸籍謄本を集めるコツ

　はじめて戸籍謄本を集める場合、見方がわからないため、取得したもので出生から死亡までのすべてのものがそろっているか不安になると思います。実際にサンプルを利用して、出生から死亡までの戸籍謄本（除籍謄本、改製原戸籍謄本）の集め方をお話しするので、自身で取得したものと比較しながら確認してみてください。

　なお戸籍を集めるうえで、相続登記申請の際に作成する相続関係説明図（246頁参照）を作成しておくとわかりやすくなります。この段階では下書きでもかまいませんし、もっと簡略的なメモ書きのようなものでもかまいません。相続関係を把握しておかないと、戸籍を集めていくうちに混乱してくるので、自身の整理のためにも作成しておきましょう。

　また、もれがないように一連の戸籍謄本（除籍謄本、改製原戸籍謄本）を集めるにあたり、整理しやすいようにチェックシートを掲載しておくので、同様のようなものを作成して、ぜひ活用してください。

● 戸籍謄本集めチェックシートサンプル

本　籍	筆頭主・戸主	改製日・編製日・転籍日	消除日・除籍日	備　考
東京都中野区○○○丁目○番地○	佐藤誠一	平成10年10月3日		死亡時の戸籍謄本
東京都中野区○○○丁目○番地○	佐藤誠一	昭和53年12月1日	平成10年10月3日	改製原戸籍謄本
東京都中央区○○○丁目○番地○	佐藤誠一	昭和25年2月2日	昭和53年12月1日	除籍謄本
岡山県岡山市○○○丁目○番地○	佐藤太郎	大正8年6月18日	昭和29年1月29日 ※被相続人は昭和25年2月2日除籍	出生時の除籍謄本

新しい ↑ ↓ 古い

❶ 被相続人の死亡の記載がある1番新しい戸籍謄本（または除籍謄本）A

　被相続人の出生から死亡までの戸籍謄本などを集めようとした場合、まずは**「直近の1番新しい戸籍（被相続人の死亡の記載がある戸籍）を取得して、そこからさかのぼって出生時まで集めていきます」**。新しい戸籍から古い戸籍へと順番に入手することになります。前述のとおり、出生から集めようとしても、出生時の本籍がどこかわからないことが大半だからです。まずは、1番新しい戸籍である被相続人の死亡の記載がある戸籍謄本（除籍謄本）を取得してみましょう。なお、**「死亡届を出してから戸籍に反映されるまで1週間ほどかかる」**ので注意が必要です。

　次頁の戸籍謄本（サンプル）は、平成6年式戸籍といわれ、平成6年の法務省令第51号で導入された電算（コンピューター）処理された横書きの戸籍です。多くの自治体で導入されているので、まずはこの戸籍を収集の手がかりとします。平成6年式戸籍の場合、**「戸籍事項欄」**と**「身分事項欄」**に分かれていて、戸籍がいつつくられたかは戸籍事項欄を見ればわかります。身分事項欄には、各人の出生や婚姻などの身分関係に関する事柄が記載されています。

　ところで、戸籍が新しくつくられるきっかけは、主に次の3つです。

> ア 法律によって戸籍のスタイルが変更された場合
> 　⇒ 戸籍には**「改製」**と記載される
> イ 婚姻や離婚、養子縁組などの身分変動があった場合
> 　⇒ 戸籍には**「編製」**と記載される
> ウ ほかの市区町村から本籍を移した場合
> 　⇒ 戸籍には**「転籍」**と記載される

　これらの**「改製」「編製」「転籍」**を経て、戸籍は一生のうちに何度かつくり替えられるのが一般的です。

　では次頁のサンプルの戸籍事項欄を見てください。「平成10年10月3日改製」と記載されています。この戸籍は、**「平成10年10月3日に改製された（新しくつくられた）のが最後という意味なので、平成10年10月3日から取得日現在までの戸籍の情報が載っている」**ことになります。

145

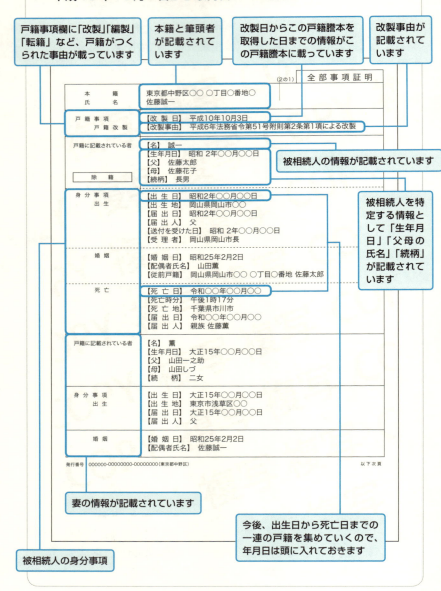

「改製日より前の戸籍の情報を確認するためには、改製前の戸籍である改製原戸籍謄本（サンプル **B** 参照）を取得します」。本籍は変わらないため、通常は同じ市区町村役場で取得できます。

一方、被相続人の身分事項を見ると、「**出生**」「**婚姻**」「**死亡**」の事由が記載されています。出生日である昭和2年〇〇月〇〇日から死亡日の令和〇〇年〇〇月〇〇日までの一連の戸籍謄本（除籍謄本、改製原戸籍謄本）をこれから取得していくことになるので、「**出生日と死亡日は必ず頭に入れておく**」ようにしてください。

なお、この戸籍は「**平成10年10月3日に改製されているので、改製日より前に死亡や転籍により除籍された人はこの戸籍謄本には記載されていません（ただし、筆頭者は除く）**」。

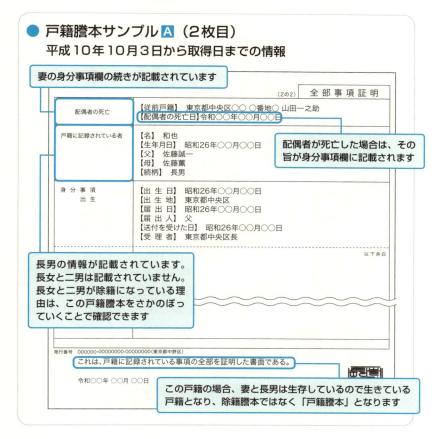

147

ⅱ 改製原戸籍謄本（2番目に新しい戸籍）B

　こちらは「改製」前の戸籍です。151頁のサンプルの冒頭を見ると、「**改製につき平成拾年拾月参日消除**」と記載されています。これは「**"改製"によって、"消除日"である平成10年10月3日にこの戸籍は閉じられた**」ことを意味します。

　ちなみに、このサンプルのような戸籍を昭和23年式戸籍といい、昭和23年施行の戸籍法に基づき、昭和32年法務省令により昭和33年4月から昭和41年3月にかけて導入された戸籍の形式となります。平成6年式の戸籍と違い、縦書きとなります。なお、戸籍の横書き化が未了の自治体においては、この戸籍が最新の戸籍となります。

≪出生から死亡までの一連の戸籍謄本　　（除籍謄本、改製原戸籍謄本）

　そして、この消除日と前記 A の1番新しい戸籍謄本に記載されていた改製日とが一致していることから、A と B の戸籍が連続していることがわかります。このように、「**改製日・編製日・転籍日と前の戸籍の消除日が一致しているか照合していき、この照合作業を繰り返す**」ことで、出生から死亡までの一連の戸籍謄本（除籍謄本、改製原戸籍謄本）を集められます。

≪転籍日から改製による消除日までつながった

　再びサンプルに戻ります。戸籍事項欄を見ると、本籍の左横の欄に、「昭和53年12月1日東京都中央区〇〇 〇丁目〇番地から転籍」と記載されています。これは「**"転籍"によって昭和53年12月1日に新しくつくられたことになるので、この戸籍には、転籍日である昭和53年12月1日〜改製による消除日の平成10年10月3日までの情報が載っている**」ということになります。次に集めるのは転籍日より前の戸籍を集めます。つまり、中央区役所にて「東京都中央区〇〇 〇丁目〇番地」の本籍で、筆頭者が「佐藤誠一」の除籍謄本を集めます。

ⅲ 転籍前の除籍謄本（3番目に新しい戸籍）C

　B の「"改製原戸籍謄本"に転籍前の本籍として記載されていたもの」

がこの除籍謄本になります（152頁参照）。先ほどと同様に戸籍事項欄を見ると、昭和53年12月1日に転籍したことにより消除した旨の記載があり、Bの改製原戸籍謄本に掲載されていた転籍日と一致するため、Bの改製原戸籍謄本とCの除籍謄本がつながっていることがわかります。

さらに、戸籍事項欄の冒頭を見ると、**"婚姻の届出により昭和25年2月2日夫婦につき本戸籍編製"とあるので、この戸籍が婚姻により新しくつくられたものであることがわかります**。ということは、次に取得するのは、婚姻前の戸籍、今でいうところの実家の戸籍謄本を取得します。ここで、被相続人の身分事項を見ると、「山田薫と婚姻届出昭和25年2月2日受付岡山県岡山市○○町○番地○佐藤太郎戸籍より入籍」とあります。つまり、婚姻前は父である佐藤太郎の戸籍に入っていたことがわかります。

ⅳ 婚姻前の除籍謄本 D

Cの除籍謄本に記載されていた婚姻前の本籍と筆頭者のものがこの除籍謄本に該当します（154頁参照）。古い時代の除籍謄本、改製原戸籍謄本は、このサンプルのように手書きで、形式も異なります。筆頭者ではなく戸主というものが置かれ、現代のような夫婦とその独身の子どもを単位とする世帯ごとに戸籍が設けられているのではなく、その戸主が一族を率いている「家」制度のもとに戸籍が設けられていました。「戸籍事項欄」と「身分事項欄」が明確に分かれていないで、**戸主の身分事項欄に戸籍事項も一緒に記載**されていました。

ここで、被相続人の身分事項欄を見ると、「山田薫と婚姻夫の氏を称する旨届出昭和25年2月2日東京都中央区長受付同年○○月○○日送付東京都中央区○○　○○番地に新戸籍編製につき除籍」と記載があります。**「この婚姻の届出日とCの除籍謄本の編製日が一致しているかを確認します」**。一致していれば、Cの除籍謄本とDの除籍謄本はつながっているということになります。次に、戸主の身分事項欄を確認すると、「大正8年6月18日前戸主雅紀死亡に因り家督相続届出同月26日受付」とあるので、この戸籍は大正8年6月18日につくられたということがわかります。**被相続人は昭和2年○○月○○日が出生日なので、この戸籍がつくられたあとに生まれた**ということになります。つまり、これより前の戸籍をたどっても被相続人の名前は出てこないため、これで出生までさかのぼったすべての戸籍を集め終えたということになります。

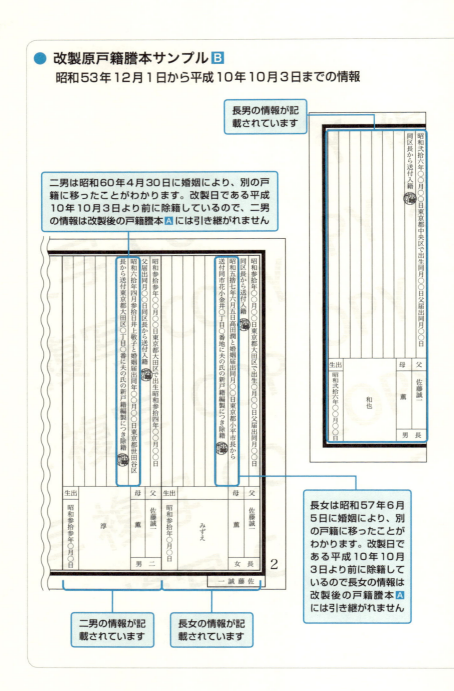

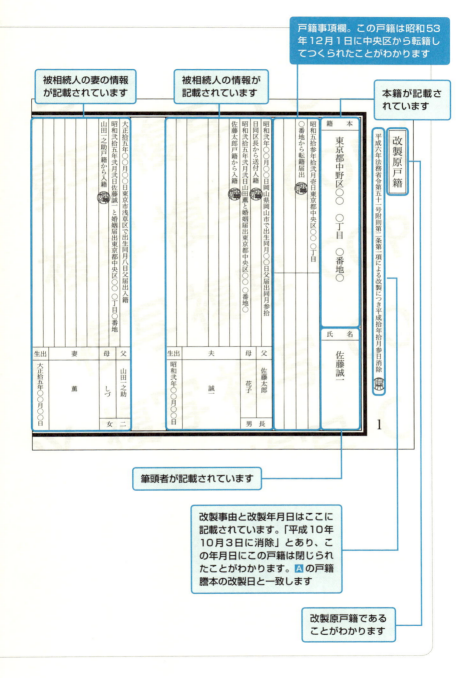

151

● 転籍前の除籍謄本サンプル C
昭和25年2月2日から昭和53年12月1日までの情報

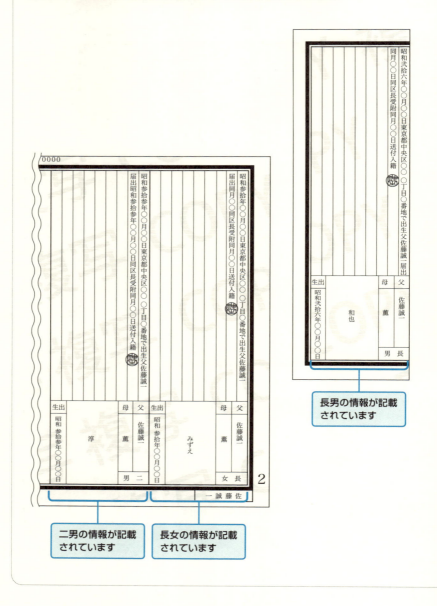

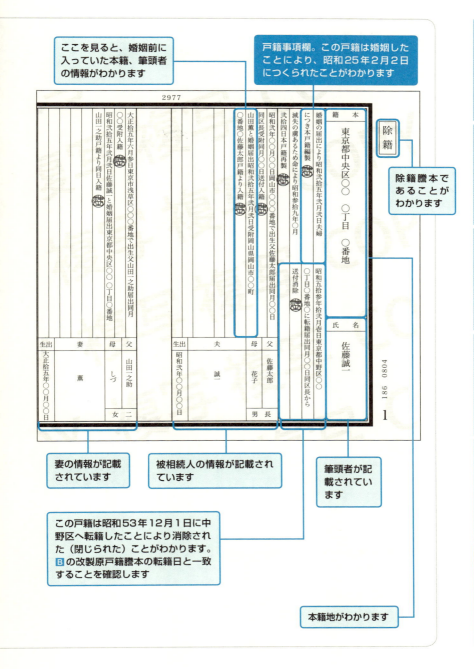

● 除籍謄本サンプル D
大正8年6月18日から昭和29年1月29日までの情報

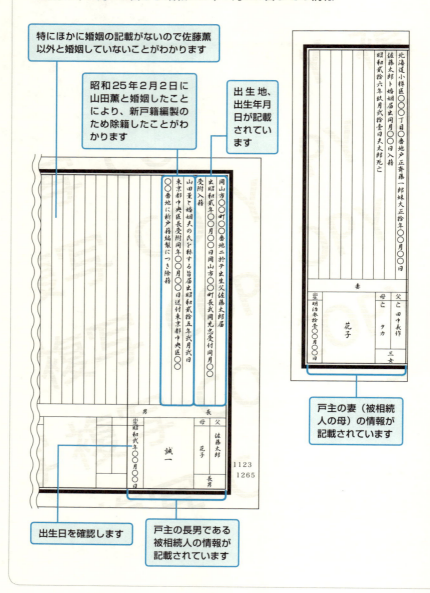

154

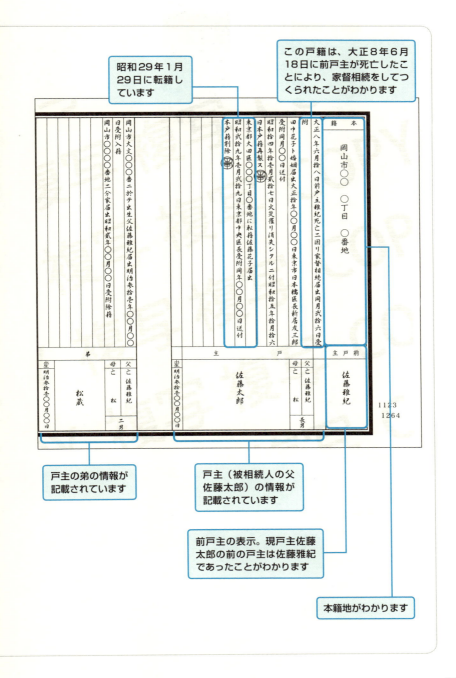

❻ 被相続人に関する情報を再確認する

　最後に、佐藤誠一に関連する情報がほかにないか、すべての戸籍を見直します。薫以外の女性と婚姻したり、誰かと養子縁組をしたりといった記載が特にないので、相続人は配偶者薫とその子どもたちだけということになります。このように「**戸籍謄本（除籍謄本、改製原戸籍謄本）を出生までさかのぼって集めていくことで、相続人が確定**」します。

　「相続人が被相続人の兄弟姉妹である場合」「相続人が次々に亡くなっている場合」「被相続人が養子縁組や認知などで相続関係が複雑になる場合」などは、集めなければならない戸籍謄本（除籍謄本、改製原戸籍謄本）も多くなりますが、「**該当する人の改製日・編製日・転籍日と前の戸籍の消除日・除籍日が一致しているか１つひとつ確認しながら進めていきます**」。

≪誤字脱字、旧漢字について

　入手した戸籍を点検してみると、昔は手書きだったのでどうしても間違いがあることがあります。一連の戸籍を集めていくうえで「**大きな影響がある不備の場合は、取得した市区町村役場に誤記ではないか問いあわせ、修正してもらって正しい戸籍謄本（除籍謄本、改製原戸籍謄本）を再度発行してもらう**」ことになります。相続に関係のない親族の氏名が誤記されているなど、軽微で影響が出ない不備の場合はそのままでもかまいませんが、気になるようなら市区町村役場に問いあわせましょう。

　古い改製原戸籍謄本、除籍謄本の場合は、年月日の表記に独特の漢数字が使われていることもあるので、下の表を参考にしてください。

● 戸籍に見られる漢数字の表記例

古い漢数字	読み
壱、壹	いち
弐、貳、貮	に
参、參	さん
拾	じゅう
廿	にじゅう
丗	さんじゅう
朔	ついたち

5-5 戸籍謄本が集められなかったり、困った場合

1. とりあえず市区町村の窓口へ

❶ どうしても字が読めない場合

　出生から死亡までのすべての戸籍謄本（除籍謄本、改製原戸籍謄本）を集めるといっても、自身の力だけではなかなか骨が折れる作業です。特に古い戸籍は手書きのため、達筆すぎて解読不能な字もあります。

　どうしても難しいという場合は、素直に市区町村窓口の人に尋ねてみましょう。市区町村窓口で働いている人はこういった手続きには慣れているので、次にどこの市区町村にどの本籍と筆頭者の戸籍を請求すればいいか教えてもらえます。中には、その道のプロともいうべき達人のような人もいるので、判読不能な文字もすらすら読んで教えてくれることもあります。窓口で尋ねる場合は、「**もととなる戸籍謄本（除籍謄本、改製原戸籍謄本）を持参する**」ようにします。現物を確認してもらうのが1番です。郵送で取り寄せた戸籍謄本（除籍謄本、改製原戸籍謄本）で判読できないことやわからないことがあるときは、取り寄せた先の市区町村の担当部署に電話で尋ねてみましょう。

❷ 市町村合併に注意

　戸籍謄本（除籍謄本、改製原戸籍謄本）を集めていく中で、次に請求する本籍地の市区町村役場が探しても見つからない場合があります。

　年月が経って、市町村が合併している地域がかなりあるため、現在の請求先がどこの市区町村になるのか調べる必要があります。たいていの場合はインターネットで検索すれば、市町村合併の情報は入手できます。少なくとも何らかのヒントは得られるはずです。たとえば、郵便局の郵便番号検索サイトに市町村合併の簡易的な情報が掲載されています。確証が得られなければ、予想される市町村役場に電話で尋ねてみましょう。仮に違っていたとしても、同じ都道府県内であれば、どこに請求すればいいか情報を教えてもらえる可能性は高いです。

5-5 戸籍謄本が集められなかったり、困った場合

2. 除籍謄抄本の交付ができない旨の証明書

❶ すべての戸籍謄本が集めきれない場合

　通常は出生までさかのぼって戸籍謄本を取得できますが、中にはすべて集められないことがあります。現在の戸籍はデータ化されていますが、昔は紙に手書きで保存していたため、戦災や天災、火災などで焼失（消失）してしまって、昔の除籍謄本を取得できないことがあります。
　このような場合、相続人を確定できなくなってしまいます。どうすればいいのでしょうか？
　登記の申請をする法務局によって対応は若干異なりますが、「除籍謄抄本の交付ができない旨の証明書」を提出します。

● 戸籍謄本が集めきれなかった場合に必要な書類

市区町村から発行される「除籍謄抄本の交付ができない旨の証明書」

≪市区町村から発行される「除籍謄抄本の交付ができない旨の証明書」

　市区町村に請求すれば、**「除籍謄抄本の交付ができない旨の証明書」**（右頁参照）を発行してもらえます。申請人から言わないと発行してもらえないことが多いので、「出生までさかのぼった戸籍が取れない」と市区町村から連絡が来たら、**「除籍謄抄本の交付ができない旨の証明書」**を発行してもらいましょう。

「除籍謄抄本の交付ができない旨の証明書」は、市区町村によって無料で発行してくれるところもあれば、1通300円前後かかるところもあります。

● 除籍謄抄本の交付ができない旨の証明書サンプル

　　　　　　　　　　　　　　　　　　　本籍と筆頭者が記載されています

発行番号　00000000

除籍（改正版）戸籍焼失につき謄抄本の交付ができないことの告知書

本　　籍	東京都中央区○○　○丁目○番地○
筆頭者	佐藤 太郎

除籍（改製）年月日　　昭和○○年○○月○○日

事　　由　　上記の戸籍は、昭和○○年○○月○○日火災により焼失し、これを再製しなければならないところ、東京法務局で保管中の副本も、昭和20年3月10日の戦災により、焼失したため、再製することができないまま今日に至っているので、同戸籍の謄抄本は交付することができないことを告知します。

上記のとおり証明する。
令和○○年　○○月　○○日
　　　　　中央区長　　○○ ○○

交付ができない理由が記載されています

159

5-6 相続人が亡くなっている特別な事例

1. 被相続人・相続人ともに亡くなっている場合

❶ 被相続人（父）より先に相続人（長男）が亡くなった場合

　相続人が被相続人よりも先に亡くなっている場合、次の世代の者が代襲（だいしゅう）して相続することになります。父より先に長男が亡くなった場合、長男の子である孫に相続権が引き継がれます（53頁参照）。

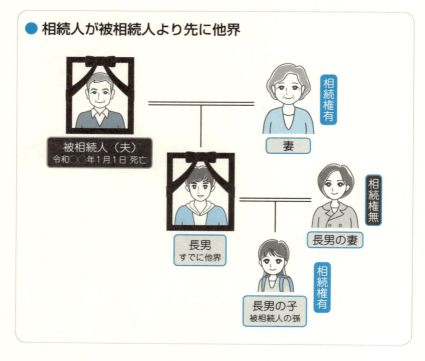

●相続人が被相続人より先に他界

　この場合、必要な書類は次頁のようになります。
　書類の集め方は、131頁、140頁を参照してください。

● 相続人が先に亡くなっている場合の必要書類

A 長男が被相続人の戸籍をはずれてから、死亡するまでのすべての戸籍謄本（除籍謄本、改製原戸籍謄本）一式
　長男の子が誰であるかを確定させるため、死亡までのすべての戸籍関係書類が必要となります
B 長男の子である孫の現在の戸籍謄本
　※ 孫が長男と同じ戸籍に入っている場合は重複して取得する必要はありません。

❷ 被相続人が亡くなった後に相続人が亡くなった場合

　被相続人が亡くなった後に、相続人が亡くなった場合（例 父が死亡後に長男が死亡）、相続人のさらに相続人に権利があります（55頁参照）。たとえば、父の死亡後に長男が死亡した場合、長男の妻と長男の子が相続人となります。この場合、必要な書類は次の3つになります。
　書類の集め方は、131頁、140頁を参照してください。

● 被相続人が亡くなった後に相続人が亡くなった場合の必要書類

A 長男が被相続人の戸籍をはずれてから、死亡するまでのすべての戸籍謄本（除籍謄本、改製原戸籍謄本）一式
　※ 長男の子が誰であるかを確定させるため、死亡までのすべての戸籍関係書類が必要となります。長男の出生までの戸籍謄本は、被相続人の戸籍謄本などと重複しているので不要です。
B 長男の妻の現在の戸籍謄本
　※ 長男の妻が長男と同じ戸籍に入っている場合は重複して取得する必要はありません。
C 長男の子である孫の現在の戸籍謄本
　※ 孫が長男と同じ戸籍に入っている場合は重複して取得する必要はありません。

161

● 相続人が被相続人より後に他界

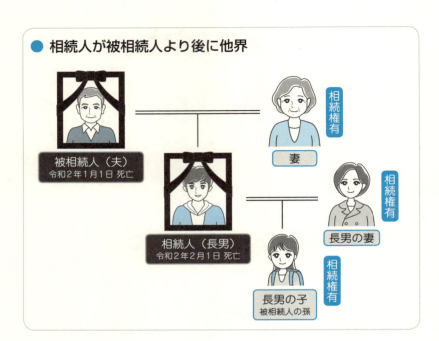

COLUMN

相続登記で取得した書類は ほかでも使える

　相続の各種手続・届出では、戸籍関係の書類はどの手続きでも必要になってきますが、その都度、取得していたのでは面倒です。特に郵送請求の場合は、何度も追加で取得するとなると非常に手間がかかります。相続登記で使用する戸籍謄本（除籍謄本、改製原戸籍謄本）などの書類は、相続登記を申請する際に原本を返却してもらう「**原本還付**」という手続きを取っていれば、登記が終わった後に原本が戻ってきます。金融機関などでの手続きの際も相続登記と同様の書類が必要になるので、各1通ずつ取得しておけば使い回すことができます。「**同時並行で各種手続き・届出を進めたい場合は、必要な通数分取得しておく**」ようにしましょう。

法定相続情報証明制度について

　平成29年5月29日から、各種相続手続きに利用できる**「法定相続情報証明」**制度がはじまりました。

　法務局に戸籍謄本（除籍謄本、改製原戸籍謄本）等の束を提出し、あわせて**「法定相続情報一覧図」**を提出すれば、登記官がその一覧図に**「認証文」**を付した証明書を無料で交付します。**この証明書1枚を金融機関や各種届出に使用すれば、戸籍謄本等の束を持ち歩かなくてもすみます。ただし、法定相続情報証明制度に対応していない金融機関や各種届出先機関もあります。あらかじめ確認してください。**

　金融機関や証券会社など、相続手続きをするところが多岐に渡る人や、同時並行で速やかに手続きを終わらせたい人にとっては、戸籍謄本等を何通も取得しなくてもいいので、非常に便利な制度です。

　法務局に相続登記を申請するときに、一緒に法定相続情報証明制度を利用することも可能なので、必要な人や余力がある人はぜひチャレンジしてください。所定の様式に沿って一覧図を作成する必要があるので、詳細は法務省や法務局のサイトを参照してください。

法務省　法定相続情報証明制度について
(http://www.moj.go.jp/MINJI/minji05_00284.html)
法務局　法定相続情報証明制度の具体的な手続について
(http://houmukyoku.moj.go.jp/homu/page7_000014.html)

5-7 相続登記に必要な登録免許税の計算

1. 不動産の固定資産評価証明書（または固定資産税納税通知書課税明細書）

❶ 登録免許税を計算する大もと

相続登記のときに納める登録免許税は、対象となる「**不動産の年度価格（評価額）をもとに計算**」します。不動産の年度価格（評価額）を知るには、2つの方法があります。

> ❶ 毎年4月～6月に所有者のところに届く固定資産税の納税通知書課税明細書を見る
> ❷ 市区町村役場で「固定資産評価証明書（市区町村によってタイトルは異なります）」を有料で取得する

❶の方法は無料ですが、デメリットもあります（168頁参照）。費用はかかりますが、確実なのは❷の方法です。ここでは、固定資産評価証明書を取得する方法を詳しく説明します。

≪取得年度について

不動産の年度価格（評価額）は、毎年4月1日をもって変わります。

> 平成31年度価格　平成31年4月1日～令和2年3月31日
> 令和2年度価格　令和2年4月1日～令和3年3月31日
>
> 例　令和元年12月1日に被相続人が亡くなり、令和2年7月1日に相続登記の申請をする場合、令和2年度価格の固定資産評価証明書を取得する必要があります。相続が発生した令和元年（平成31年）度価格の評価証明書ではありません。

❷ 取得のしかた

固定資産評価証明書は、不動産の所在地が東京23区内であれば都税事務所（23区内で郵送の場合は都税証明郵送センター）で、それ以外は各市区町村役場の税務課など（部署は市区町村によって異なります）で取

得できます。取得先については、都税事務所（**http://www.tax.metro.tokyo.jp/jimusho/**）または各市区町村役場のホームページで確認してください。「**固定資産評価証明書を取得できるのは原則所有者本人となりますが、相続が発生しているときは、相続を証する書類を提出することで相続人からも請求することができます**」。

第4章の「**不動産の調査で"名寄帳"を取得する際に、一緒に"固定資産評価証明書"も取得しておくといい**」でしょう。

法務局によっては、固定資産評価証明書の代わりに名寄帳（84頁参照）でもいい場合があります。また法務局に固定資産評価証明書が備えられていて、固定資産評価証明書の提出自体不要な場合もあります。あらかじめ相続登記申請先の法務局に確認しておきましょう。

なお、「**不動産がマンションの場合は、敷地部分の土地についても忘れずに固定資産評価証明書を取得**」してください。

● **固定資産評価証明書の取得のしかた**

	詳　細
請求先	不動産の所在が東京23区内は、都税事務所（どこの都税事務所でも可）、23区内で郵送の場合は都税証明郵送センター、東京23区以外は、不動産所在地の市区町村役場
請求できる人	所有者、相続人、代理人（委任状が必要）
取得費用	東京23区内　不動産1筆（個）につき1通400円〜 東京23区以外　1通200円〜400円 ※ 市区町村によって取得費用は異なります。不動産1筆につき1通発行される場合もあれば、所有する不動産すべてをまとめて1通として発行される場合もあります。費用については無料のところもあるので、あらかじめ市区町村に確認してください
必要な書類	**A** 請求者の本人確認書類（運転免許証、写真つきのマイナンバーカード、住基カードなど） ※ 代理人に依頼する場合は代理人の本人確認書類が必要 **B** 相続が発生していることを証する書類として、被相続人の戸籍謄本（除籍謄本） **C** 請求者が相続人であることを証する書類として、請求者の戸籍謄本など注1) ※ 同じ戸籍に入っている場合は関係がわかるので不要 **D** 代理人に取得を依頼する場合は委任状
請求方法	都税事務所または市区町村役場などの窓口で取得するか、郵送請求も可

注1）相続人が第2順位のときや第3順位の兄弟姉妹などの場合は、被相続人の出生から死亡までの一連の戸籍謄本（除籍謄本、改製原戸籍謄本）一式と先順位者の死亡を証する戸籍謄本（除籍謄本）が必要になります。

❸ 窓口での取得方法

　都税事務所または不動産所在地の市区町村役場の窓口に、所定の申請用紙があるので、必要事項を記入して窓口に提出してください。

❹ 郵送での取得方法

　平日に窓口に出向くことが難しい場合や不動産所在地が遠方の場合は、郵送での請求も可能です。郵送請求の場合は、まず、請求先の都税事務所や市区町村役場のホームページから「**交付請求書**」をダウンロードします。必要事項を記入のうえ、必要書類を同封して、請求先の都税事務所や市区町村役場宛に送付します。記入事項は窓口の場合と変わりません。
　請求書に同封する一般的な必要書類は次の6つとなりますが、市区町村によって取り扱いが若干異なるので、詳細は各市区町村のホームページで確認してください。

● 郵送で請求する場合の必要書類

請求者の本人確認書類	運転免許証、写真つきのマイナンバーカード、住基カードなどのコピー ※ 代理人に依頼する場合は、代理人の本人確認書類のコピーが必要
相続が発生していることを証する書類	被相続人の戸籍（除籍）謄本のコピー
請求者が相続人であることを証する書類	請求者の戸籍謄本などのコピー[注1] ※ 同じ戸籍に入っている場合は関係がわかるので不要
代理人に取得を依頼する場合	委任状
そのほか	切手を貼った返信用封筒
	手数料分の定額小為替（定額小為替については135頁参照）

注1）相続人が第2順位のときや第3順位の兄弟姉妹などの場合は、被相続人の出生から死亡までの一連の戸籍（除籍、原戸籍）謄本一式と先順位者の死亡を証する戸籍（除籍）謄本のコピーが必要になります。

● 固定資産評価証明書交付請求書（東京23区）サンプル

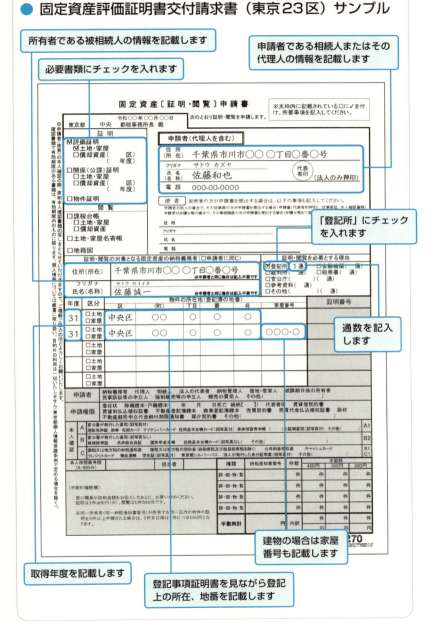

167

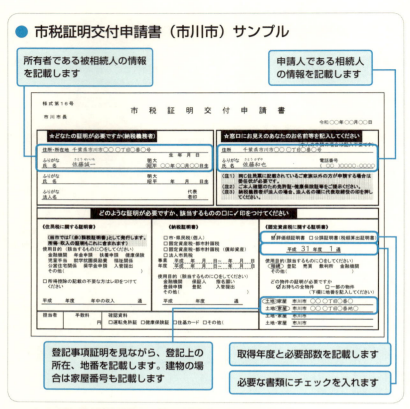

● 固定遺産税納税通知書の課税明細書の利用

　法務局によっては、固定資産評価証明書の代わりに、毎年4月～6月に所有者のところに届く固定資産税納税通知書に同封されている課税明細書（コピーでも可）を利用することも可能です。課税明細書には、不動産の所在・地番又は家屋番号や不動産の年度価格（評価額）が記載されています。ただし、以下の場合は、固定資産評価証明書を別途取得しなければなりません。

❶ 私道がある場合
　※ 私道は固定資産税が非課税であるため、納税通知書には記載されていません。

❷ 共有名義の不動産がある場合
　※ 共有者のうち代表者（通常は一番上に登記がされている人）にしか固定資産税納税通知書は届きません。

❸ 4月～6月に相続登記を申請する際に、まだ固定資産税納税通知書が届いていない場合

● **固定資産評価証明書（東京23区）サンプル**

不動産の年度価格が記載されます

私道がある場合、私道は非課税であっても、相続登記の際には登録免許税はかかります。取得もれがないように気をつけましょう。

● 固定資産評価証明書（市川市）サンプル

平成〇〇年度固定資産税評価額証明書

納税義務者	住　所	市川市〇〇 〇丁目〇番〇号
	氏名又は名称	佐藤誠一

資産区分	所在地番（家屋番号）／登記地目／現況地目／家屋の用途・構造	地積又は床面積（㎡）	評価額（円）
(固定)(都計) 課税標準額(円)	(固定)(都計) 算出税額(円)	摘要	
土地	市川市〇〇 〇丁目　〇・〇 宅地 宅地	200.00	¥70,000,000
(固定)(都計) ＝＝＝＝＝＝＝＝＝＝＝＝	(固定)(都計) ＝＝＝＝＝＝＝＝＝＝＝＝		
家屋	市川市〇〇 〇丁目　〇・〇 居宅　木造　スレート葺　地上２階	80.00	¥1,000,000
(固定)(都計) ＝＝＝＝＝＝＝＝＝＝＝＝	(固定)(都計) ＝＝＝＝＝＝＝＝＝＝＝＝		
	−以下余白−		
(固定)(都計) ＝＝＝＝＝＝＝＝＝＝＝＝	(固定)(都計) ＝＝＝＝＝＝＝＝＝＝＝＝		
(固定)(都計) ＝＝＝＝＝＝＝＝＝＝＝＝	(固定)(都計) ＝＝＝＝＝＝＝＝＝＝＝＝		
(固定)(都計) ＝＝＝＝＝＝＝＝＝＝＝＝	(固定)(都計) ＝＝＝＝＝＝＝＝＝＝＝＝		

税目	課税標準額(円)	税額(円)
固定資産税（税率1.4／100）	＝＝＝＝＝＝＝＝＝＝＝＝	＝＝＝＝＝＝＝＝＝＝＝＝
都市計画税（税率0.3／100）	＝＝＝＝＝＝＝＝＝＝＝＝	＝＝＝＝＝＝＝＝＝＝＝＝

（注）本書は賦課期日（1月1日）現在で証明しており、不動産に関する所有権を証明するものではありません。

市証第〇〇〇-固定〇〇号

上記のとおり証明します。

令和〇〇年 〇〇月〇〇日

千葉県市川市長 〇〇 〇〇

不動産の年度価格が記載されます

この章の中で、何月何日に●●●をしようと決めたらここに書き込んで、実際にやったらチェックを入れましょう。

年	月	日		✓
年	月	日		✓
年	月	日		✓
年	月	日		✓

第6章

個別CASE 遺産分割協議をする

書類集めが終わるとひと山越えた気になりますが、まだ気は抜けません。

遺言書がない場合には、「法定相続」か「遺産分割協議」で進めるかの2択になりますが、圧倒的に多いのは遺産分割協議による方法です。遺産分割協議のほうが、自由度が高く、相続人の意向に沿った形で進めることができるからです。

遺産分割協議の場合、ほかの相続人と遺産をどのように分けるのか話しあいをしなければなりません。この話しあいが厄介なもので、ほんの少しのすれ違いから絶縁状態になってしまったり、相続人だけでなくその配偶者や親兄弟まで口を出してきて親戚一同を巻き込んだ大事になったりします。もしかしたら、これまで知らなかった親族の一面を見ることになるかもしれません。

身内だからと甘えた気持ちでいると、後々トラブルに発展してしまうことも多々あります。身内であっても協力してくれた相続人には礼を尽くす、ほかの相続人の言い分も聞いて配慮するなど、円満に解決するようにしたいものです。

本章では、遺産分割のしかたや遺産分割協議書の書き方についても、例を挙げサンプルも事例別に掲載しています。相続人間での話しあいがまとまったら、本章を参考にして遺産分割協議書を作成しましょう。

6-1 遺産分割協議の進め方

1. 誰が不動産を相続するのか決める

❶ 誰が相続人か確認しながら全員と協議する

　遺産分割協議を行うには、必ず相続人全員（家庭裁判所に相続放棄の申述をした相続人は除外）で協議をする必要があります。「**相続人の一部だけで遺産分割協議をしても無効**」になってしまうので、注意が必要です。

　故意的に一部の人を除外して遺産分割協議をするのはもちろん無効ですが、ほかに相続人がいることを知らないで遺産分割協議をしてしまった場合も、相続人全員で協議がなされていないので無効となります。「**相続人にもれがないように、被相続人の出生までさかのぼって戸籍謄本（除籍謄本、改製原戸籍謄本）をすべて取得して（140頁参照）、見落としがないように相続人調査を行いましょう**」。

　親子間で相続人調査にもれがあることはめったにありませんが、被相続人の兄弟姉妹が相続人になる場合は、名前も顔も知らない人が相続人であるケースも少なくありません。兄弟姉妹に前妻、後妻の子がいたり、養子縁組をしていたりなんてことがあると関係性が薄いのが普通なので、存在は知っていても会ったことも話したこともないような相続人が出てきます。さらには、存在すら知らなくて相続人は自分たちだけだと思っていたのに、実は……ということもあるかもしれません。

　昔のように親戚一同が会する機会は減ってきていますし、核家族化が進む現代では決して珍しい話ではないのです。

相続人全員で協議することが大事。1人でも欠けると無効です。

≪遺産分割協議が不要な場合

遺産分割協議は、必ずやらなくてはいけないということはありません。次の場合には不要です。

- **A 遺言書がある場合**
  - ⇒ 遺言書にしたがって相続するため不要。遺言書に不備がある場合は、遺産分割協議が必要な場合もある
- **B 法定相続で進める場合**
  - ⇒ 法定相続で進める場合には、基本的に何をするにも相続人全員の署名捺印が必要となり、全員が協力して進めなければならない点に注意。非協力的な相続人がいると手続きが滞る
- **C 相続人が1人の場合**
  - ⇒ そもそも協議をする必要がなく、その人がすべての遺産を相続する。この場合は法定相続による場合の手続きで進めていけばいい

❷ 不動産は単独で相続するのが基本

預貯金や現金は相続人で分けあうことも簡単にできますが、不動産はそうはいきません。不動産を複数の相続人で共有名義にすることも可能ですが、そうすると後々トラブルのもとになってしまうことがあるので、避けたほうがいいでしょう。

≪妻、長男、二男の3人の共有名義で不動産を相続した場合

3人が生きている間はいいですが、そのうち長男、二男にも相続が発生すると、それぞれの妻、子どもが相続人となります。長男と二男は仲がよかったとしても、それぞれの相続人同士まで仲がいいとはかぎりません。不動産を売却するとき、家を建て替えるときなど、誰かが反対すればこう着状態になり、どうすることもできなくなります。また誰が管理をするか、誰が固定資産税を支払うかでもめてしまうこともあるでしょう。

世代が変わり、関係性が薄くなっていけばいくほど、一般的にはトラブルになりやすくなります。不動産を共有名義にするということはさま

ざまな問題をはらんでいるので、何か特別な事情がある場合を除いて、できるかぎり不動産は単独名義にするように遺産分割協議でまとめましょう。

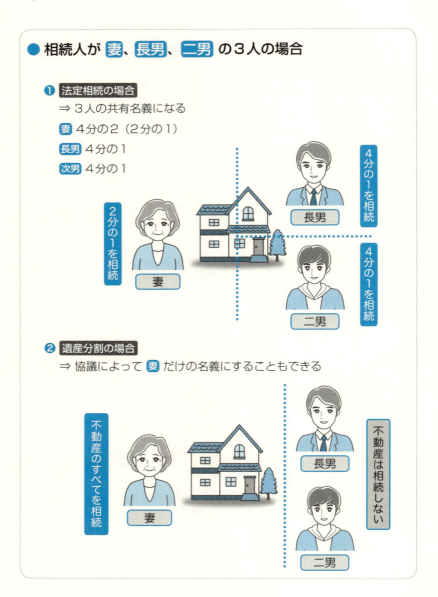

COLUMN

共有名義の落とし穴

　太郎さんは両親が他界したのを機に実家を売却して現金化したいと思い、土地・建物の名義を調べてみました。そうすると、なんとお父さんとお父さんの弟（太郎さんのおじさん）の共有名義になっていたのです。太郎さんはてっきりお父さん名義（単独）の土地だと思い込んでいました。どうやらおじいさんの相続のときに、法定相続をしたようです。

　おじさんはお父さんよりも先に亡くなっているので、この場合、太郎さん以外におじさんの妻と子（太郎さんにとっては従弟）も相続人になります。早速、太郎さんが従弟に連絡を取ったところ「実家を売却してもいいけど、取り分として売却代金の半額をほしい」「今まで住まわせてあげたのだから何十年分かの家賃相当額を支払ってくれ」と言われました。太郎さんは、固定資産税もずっと支払ってきたし、両親がずっと住んでいたにもかかわらず、今さらなんで？　という気持ちで納得がいきません。もめにもめた結果、太郎さんはおじさんの妻と子に相当額を支払うことで何とか解決に至りましたが、今回のことで親戚づきあいはなくなってしまいました。

❸ 遺産分割協議がきっかけで「争族」にならないために

　遺産分割協議をするうえで心がけてほしいのは、円満に解決を図るということです。相続がきっかけで「争族」になってしまうという話はよく耳にしますが、助けあっていくべき親族がバラバラになってしまうのはとても残念なことです。

　遺産分割協議が紛糾するのは、何もお金だけが原因ではありません。「うちは財産がないから大丈夫」という人がよくいますが、預貯金数百万円をめぐって争いになったり、唯一の遺産である自宅を誰の名義にするかで争ったりと、遺産の多い少ないにかかわらず、もめるときはもめて

しまうものです。金額云々よりも、むしろ感情論で泥沼化することのほうが多いように思います。親の面倒をみていない兄には遺産を渡したくない、子どものころから妹ばかり優遇されてきた、弟とは仲がいいが弟の嫁さんに財産が流れるようなことはしたくないなど……さまざまな感情や思惑が絡みあって難航するものです。

≪長男が家を継いで遺産も相続する時代ではない

　ひと昔前であれば、長男が家を継いで遺産すべてを相続するというのがあたりまえでした。しかし、今は家族の形もずいぶんと様変わりしました。インターネットで相続に関する情報をたくさん入手できるので、相続人1人ひとりの権利意識が高まってきています。長子だから全部相続してあたりまえという時代ではありません。その意識のまま、ほかの相続人に接すると思わぬ抵抗にあい、まとまる話もまとまらなくなるので注意が必要です。

≪ハンコ代をよこせと言われることも

　また、親子間の縦のつながりで争うケースは少ないのですが、長男と二男のように横のつながりにおいては立場が同等であるため、ちょっとした行き違いからもめることはよくあります。さらには、配偶者と被相続人の父母、配偶者と被相続人の兄弟姉妹が相続人になるケースでは、血のつながりがない分、遺産分割協議をまとめるのは大変です。中には、「ハンコ代」をよこせ（遺産分割協議に署名捺印する代わりに相当の金銭を支払えという主張）と言ってくる親族だっています。

≪わだかまりが残らないように妥協することも大切

　また、仮に遺産分割協議がまとまったとしても、わだかまりを残したままだと深い溝ができてしまい、その後も絶縁状態ということになりかねません。「遺産分割協議で便宜を図ったのに何のお礼もなかった」「説明もなくよくわからないまま署名捺印させられた」など、その後の親戚づきあいがなくなったという事例は決して少なくありません。

　あなたにはあなたなりの考えがあるように、ほかの相続人にもそれぞれの立場や主張があります。主張が相容れない場合はずっと平行線をた

どることになってしまうので、ときには妥協も必要かもしれません。誰もが納得できる遺産分割協議というのは難しいかもしれませんが、できるだけ穏便に円滑に協議ができるように努めましょう。

● **遺産分割協議のトラブル事例**

子同士のトラブル例
- A 長男だからというだけで遺産全部を相続するのは納得できない
- B 親の面倒を見なかった相続人に遺産を渡したくない
- C 親に家を建ててもらったのだから、これ以上遺産をもらう資格はない
- D 子どもの教育費や家のローンで何かと入り用だから、法定相続分は少なくともほしい

配偶者と被相続人の兄弟姉妹が相続人の場合のトラブル例

配偶者側
- A 音信不通だった兄弟姉妹に遺産がいくのはおかしい
- B 夫婦2人で築きあげた財産を兄弟姉妹に渡すのは嫌だ

兄弟姉妹側
- C 何の説明もないまま突然遺産分割協議書が送られてきて、ハンコを押せと言われた
- D 遺産分割協議書に文句も言わずハンコを押してやったのに、お礼のひとつもなかった

❹ 必ず「遺産分割協議書」にまとめる

「**遺産分割協議がまとまったら、後日トラブルにならないように協議内容を書面にして記録を残す**」ようにしましょう。口頭の話しあいだけでも遺産分割協議は成立しますが、書面に残しておかないと後々言った言わないの水掛け論になってしまいます。

遺産分割協議書には、相続人全員が署名捺印（または記名押印）をします。署名捺印（記名押印）のときに使用する印鑑は、個人の実印で押印を行います。これは、「**実印を押すことで、間違いなく、相続人本人が遺産分割協議内容に同意して本人が署名捺印（記名押印）したという証明になります**」。

COLUMN

外国籍の人、外国居住の人がいる場合

　被相続人や相続人に外国籍の人がいる場合、日本のように戸籍制度がある国であれば本国の戸籍謄本を取得しますが、戸籍制度がない場合は国籍証明書や婚姻証明書等、戸籍謄本の代用になる書類を取得します。

　外国に居住している相続人がいる場合、住民票に相当するのが在留証明書、印鑑証明書に相当するのがサイン証明書ですので、それぞれ本国の大使館・領事館等で取得します。

　これらの書類のうち外国語で作成されているものは、日本語訳が必要となります。記載内容に不備・不足があれば、本国の公証人に「宣誓供述書」を作成してもらうことも必要です。ただ、被相続人が外国籍の場合、そもそも日本の法律が適用されるのかという難しい問題もあり、素人判断は危険です。費用はかかりますが、専門家に任せる方が安心です。

COLUMN

配偶者居住権の新設

　相続法の改正により、配偶者の立場を守るための「配偶者居住権」が新設されました。配偶者居住権は所有権とは別の権利で、配偶者が終身または一定の期間自宅に住み続けられるもので、配偶者が自宅の所有権を相続すると支障がある場合に有効です。

　ただし、配偶者居住権の評価額をどう評価するかといった問題や、いずれ自宅を売却する可能性がある場合は税務面での注意が必要です。

　配偶者居住権は、第三者への対抗要件は登記となります。登記申請書の書き方や必要書類等は、法務局のサイト（http://houmukyoku.moj.go.jp/homu/minji79.html）をご参照ください。

6-1 遺産分割協議の進め方

2. 遺産分割の方法を決める

遺産分割には、次の3種類の方法があります。ほとんどの場合、現物分割によって行いますが、それぞれの事情に応じてどの方法が妥当か相続人間で話しあうことになります。もし相続税が発生する場合は、誰が相続するかは非常に重要なので税理士に相談してください。

❶ 現物分割（最も一般的な方法）

3つの中で最も多い遺産分割方法です。「**個々の遺産について、それぞれ取得者を個別に決定し、現物をそのまま相続する方法**」です。

● 2つの不動産と現預貯金を3人で現物分割する場合

❶ 次の不動産は佐藤和也が相続する
 所在 千葉県市川市○○ ○丁目
 地番 ○番○
 地目 宅地
 地積 200.00m²

長男

❷ 次の不動産は佐藤みずえが相続する
 所在 山梨県北杜市○○ ○丁目
 地番 ○番○
 地目 宅地
 地積 800.00m²

長女

❸ 次の現金および預金は佐藤淳が相続する
 A ○○銀行○○支店
 　（普）111111
 B □□銀行□□支店
 　（普）222222
 C 現金

二男

第6章 遺産分割協議をする
第7章 自筆で書いた遺言書がある場合
第8章 いよいよ相続登記をしよう
第9章 相続を放棄したい場合
第10章 相続登記と一緒にやっておくべきそのほかの登記
第11章 困ったときの相談窓口

179

現物分割のメリット・デメリット

メリット 個々の遺産を単独で相続させるため、権利関係が明確でわかりやすい

デメリット それぞれの遺産につき価値が違うため、不平等な分け方になりやすい

❷ 換価分割

「**不動産、株式などを売却し、現金化した売却代金を相続人で分ける方法**」です。主な遺産が不動産や株式のみの場合など、遺産を単純に分けることが難しい場合にこの方法が取られます。なお、売却時に譲渡所得税の申告が必要な場合があるので、注意してください。

● 1つの不動産を売却して現金化し、3人で分ける場合

❶ 次の不動産を佐藤和也が便宜上単独で相続し、売却・換価する
- 所在 千葉県市川市○○ ○丁目
- 地番 ○番○
- 地目 宅地
- 地積 200.00m²

❷ 上記の不動産を売却して現金化したら、売却代金から、売却に関するすべての費用（不動産仲介手数料、登記費用、譲渡所得税、公租公課など）および、売却が完了するまでに要する管理費用などを控除した残額を、全相続人（佐藤和也、佐藤みずえ、佐藤淳）で法定相続割合にしたがって分割する

換価分割のメリット・デメリット

メリット 相続人間で平等に分けることができる
デメリット 売却に時間を要することがある。売却できなかった場合にどうするかという問題が残る

❸ 代償分割

「特定の相続人が遺産を取得する代わりに、ほかの相続人に代償金として法定相続分に相当する金銭などを支払う方法」です。なお、代償となる財産は相続財産からではなく、相続人固有の財産から支払うことも可能です。

● 1つの不動産を1人が相続し、ほかの2人に代償金を支払う場合

❶ 次の不動産を佐藤和也が単独で相続する
　所在 千葉県市川市〇〇 〇丁目
　地番 〇番〇
　地目 宅地
　地積 200.00m²

❷ 上記の不動産を相続する代わりに、ほかの相続人2人（佐藤みずえ、佐藤淳）に代償金として1,000万円ずつ支払う

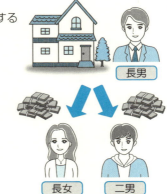

代償分割のメリット・デメリット

メリット 相続人間の不平等を調整するための方法なので、換価分割に比べて早期に決着がつく
デメリット 代償金をいくらにするかでトラブルになる場合がある。遺産を取得する相続人に代償金を支払うだけの資力が必要

6-1 遺産分割協議の進め方

3. 遺産分割協議書の書き方

❶ 用紙サイズとフォーマット

　特に「遺産分割協議書の書き方」といった、決まったフォーマットはありません。文字のサイズや行数などは、一般的な文書を作成するのと同じ感覚でかまいません。ただし法務局や金融機関に提出するため、ほかの人が見やすい協議書を作成しましょう。通常であれば、下記のようにしておけば大丈夫です。

● 用紙サイズとフォーマット（推奨）

A 用紙の大きさは「A4縦」サイズが望ましい
B 横書きにする

❷ Wordなどのワープロソフトで作成する

　手書きでも問題はありませんが、Wordなどのワープロソフトで作成すると、変更や訂正が発生しても簡単に修正できるので便利です。
　手書きの場合は黒インクのペンか黒ボールペンを使用します。容易に修正できてしまう鉛筆書きは不可です。

❸ 文字の大きさは10.5〜12ポイント

　Wordの場合、文字の大きさは「**10.5〜12ポイント**」が見やすくてお勧めです。フォントは、通常であれば「**明朝体かゴシック体**」を使用します。

● 文字の大きさ

10.5ポイント：この文字の大きさが 10.5 ポイントです。
11ポイント：この文字の大きさが 11 ポイントです。
12ポイント：この文字の大きさが 12 ポイントです。

❹ 表紙をつけるかつけないかは自由

　表紙をつけると重厚感が増して見栄えがよくなりますが、枚数がかさんだり、「契印（割印）」も必要になってしまいます。必要がないなら、**「表紙はつけない」**ほうがいいでしょう。

● 表紙をつけていない遺産分割協議書サンプル

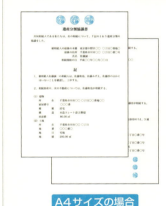
A4サイズの場合

A3サイズの場合

❺ 末尾に相続人全員の署名捺印または記名押印をする

　「署名捺印とは、手書きで氏名を書き、その横に印鑑を押すこと」です。「記名押印とは、パソコンなどですでに氏名が印字されている場合に、その横に印鑑を押すこと」です。押印には「**実印**」を使います。

183

≪署名捺印と記名押印はどちらがいい？

　署名捺印でも記名押印でも、相続登記をするうえでは問題ありませんが、後々のトラブル防止ということを考えると、**署名捺印のほうが望ましい**です。ほかの相続人から「実印を勝手に押された」「何の説明もないままよくわからないけど実印を押させられた」などと言われないためにも、十分に協議内容を説明し、同意を得たうえで、本人に署名捺印してもらいましょう。

　押印するときは、周りや中の文字が欠けていたり、溝にほこりなどが入って文字が判別しにくくなっているものや、極端に薄いものも無効になることがあります。試し押しをして、濃くはっきりと押印しましょう。

● 署名捺印と記名押印

- 署名捺印　手書きで氏名を書いて横に印鑑を押す
- 記名押印　印字されている氏名の横に印鑑を押す

❻ 複数ページにおよぶ場合はホチキスで留めて契印する

　A4の紙1枚に内容がおさまればいいのですが、複数ページにおよぶこともあります。その場合は、紙の左端をホチキスで2カ所留めます。ページ数が多い場合は、袋とじにしたほうが印鑑を押す個所が少なくてすむばかりか、見た目にも重厚感が増します。文具店などで袋とじにする製本テープが販売されているので、活用しましょう。

　また、「**差し替えなどの改ざん防止のために各ページに契印をしましょう**」。「**契印とは、文書が2枚以上にわたるときに、一体であることを示し、文書の抜き差しができないように印鑑を押すこと**」です。ホチキスで留めている場合は、各ページの継ぎ目に相続人全員の個人の実印で契印します。袋とじにしているのであれば、表と裏に契印をします。

● 協議書を冊子にする方法

● ホチキスで留める場合

❶

2カ所をホチキスで留める

❷
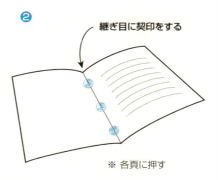
継ぎ目に契印をする
※ 各頁に押す

● 袋とじにする場合（ミミの部分を自作する例）

❶ ミミとなる部分をつくる
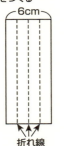
折れ線

❷ 遺産分割協議書をホチキスで留める

❸ 背表紙にのりづけをする

ミミの外側2カ所を内側に折り込み、のりをつける

❹ 背表紙を遺産分割協議書にのりで貼りつける
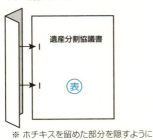
※ ホチキスを留めた部分を隠すように

❺ 表と裏両方に契印をする
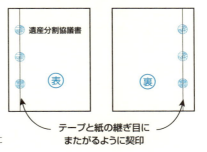
テープと紙の継ぎ目にまたがるように契印

（次頁に続く） **185**

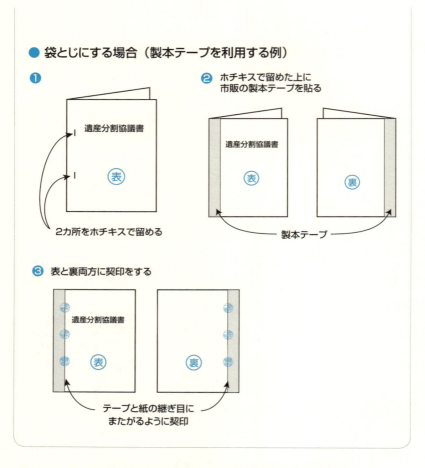

❼ 訂正がある場合は、二重線で消して訂正印を押す

　誤字・脱字・間違いに気づいた場合、各相続人の署名捺印前であれば、打ち直して再度出力します。しかし、すでに相続人全員が署名捺印をし、今からつくり直すのは難しいということであれば、訂正印を押して対処します。

　訂正個所に2重線を引き、正しい文書は2重線の上側や隣など、余白部分に書き入れます。訂正印としては上または下の欄外に相続人全員の個

人の実印を押します。2重線の上に押印する方法もありますが、文字と重なって判別しづらくなるため、欄外に押印するようにします。そして、「**5字削除　5字加筆**」のように、削除した文字数と書き加えた文字数を記入します。数字や「、」「。」といった句読点も1字として計算します。修正テープや修正ペンを用いて訂正することはできません。

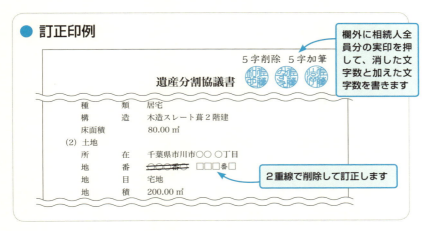

❽ 修正に備えて捨印を押しておく

　法務局に相続登記を申請してからミスが見つかった場合、再度遺産分割協議書を作成し直して、相続人全員の署名捺印をもらうのは非常に手間がかかります。あらかじめ捨印を押しておくと、軽微なミスであればその場で修正ができるので便利です。欄外に相続人全員の実印を押しておき、訂正があったときは前述の訂正印と同様に2重線で消し、書き加える形で対処します。

　訂正印の場合には、修正個所それぞれに訂正印を押す必要がありますが、「**捨印を押しておくと、複数の間違いがある場合でも、まとめて修正を加えることができます**」。

　ただしあらかじめ捨印を押しておくと、捨印を利用して勝手に書き加えることができてしまい、悪用されることも考えられるので注意が必要です。無用なトラブルを避けるためにも捨印の趣旨を相続人全員に説明し、もし捨印を利用して修正をした場合はその旨を相続人全員に伝えましょう。

● 捨印例

遺産分割協議書

共同相続人である私たちは、次の相続について、下記のと
協議をした。

被相続人の最後の本籍　東京都中野区○○　○丁目○番地○
最後の住所　千葉県市川市○○　○丁目○番○号

> 欄外に相続人全員分の実印を押しておくと、訂正があった場合、捨印を利用して訂正することが可能です

❾ 協議内容は具体的に書く

　決まった書き方はありませんが、あいまいで抽象的な書き方だと手続きのうえで支障が出る場合があります。つまり、**「相続や遺産分割協議内容を特定できなければ、法的に有効なものとして通用しません」**。

　たとえば、「遺産のすべてを長男が相続する」といった遺産分割協議書の内容だと、当事者間では有効であっても、相続登記の申請には不十分です。実務上、誰がどこの不動産を相続するのか、具体的に記載されている遺産分割協議書でなければ相続登記で使用することはできません。法務局は、土地の場合は登記されている所在・地番・地目で不動産を特定し、家屋（建物）の場合は登記されている所在・家屋番号・種類・構造などで不動産を特定します。登記上の所在ではなく住所が記載されていたり、単に「自宅を長男に相続させる」といったあいまいな表現だと不動産が特定できないため、相続登記においてはこのような遺産分割協議書は認めてもらえません。相続人の誰に何を相続させるのか、相続人の氏名を明記し、不動産に関しては登記事項証明書記載どおりに具体的に正確に記載します。

> 誰についての相続で、誰が何を相続するのか具体的に書きましょう。

6-1 遺産分割協議の進め方

4. 遺産分割協議書は何通作成するか

❶ 相続人の数＋登記申請用分用意する

　遺産分割協議書は、通常、各相続人が手元に保管するように相続人の数の通数分作成します。それに加え、「**相続登記用として別に作成しておくと便利なので、合計としては相続人の数＋1通を用意する**」ことになります。すべてに相続人全員の署名捺印または記名押印をしておきます。

　どうしても相続人の数分用意するのが大変だという場合は、保管用と相続登記用とあわせて、最低2通作成すれば足ります。その場合は、コピーをそのほかの相続人に渡すなど、遺産分割協議の内容を各相続人が確認できる状態にしておきます。

❷ 相続人全員の印鑑登録証明書をつける

　相続登記の際には、遺産分割協議書に押した印鑑が実印であることを証するために、相続人全員の印鑑登録証明書を提出します。法務局は、提出された遺産分割協議書に相続人全員が実印にて署名捺印しており、印鑑登録証明書をあわせて提出することで、相続人全員が間違いなく遺産分割協議書に記載された内容に同意したという確認を取ります。

　相続登記をするうえでは印鑑登録証明書に有効期限はないので、古い発行日のものでも使用できますが、できれば遺産分割協議日に近い直近のものを用意してください。

≪印鑑登録証明書の取り方

　印鑑を実印登録すると「印鑑カード」が発行されます。印鑑登録証明書を取得するには、「**住所地の市区町村の役所で所定の"印鑑登録証明書交付申請書"に必要事項を記載し、印鑑カードを添えて申請**」します。印鑑カードがあれば本人でなくても印鑑登録証明書が取得できてしまうの

189

で、防犯上、印鑑カードと実印は別々に保管するようにします。
　なお、マイナンバーカードを利用すれば、コンビニでも取得が可能です。

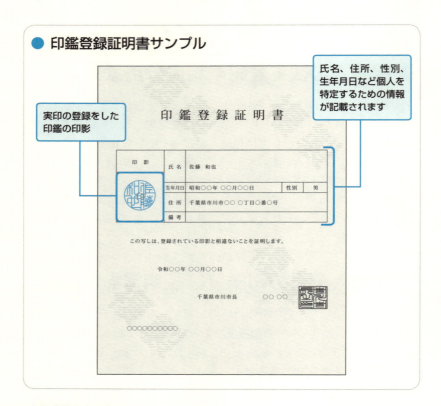

まとめ

- 遺産分割協議には、現物分割、換価分割、代償分割の３つの方法がある
- 遺産分割協議書の書き方にこれといった決まりはない
- 遺産分割協議書の末尾に相続人全員の署名捺印または記名押印をする
- 印鑑は個人の実印を使う
- 遺産分割協議書には相続人全員の印鑑登録証明書をつける

6-2 遺産分割協議書サンプル

1. 遺産分割協議書の注意点

❶ サンプルを参考にして作成してみよう

　お話ししてきたように、「**遺産分割協議書はこう書かなければならないという決まりはありません**」が、かといって一から自分で文章を考えて作成するというのも難しいでしょう。あくまで一例ですが、次頁以降に記載例を載せておくので参考にしてください。遺産分割協議内容は、それぞれの事情に応じて適宜変えてください。

　なお法務省のサイトにも、相続登記の申請書と一緒に遺産分割協議書のサンプルが掲載されているので、参考にしてください。

法務省HP：不動産登記の申請書等の様式について
http://www.moj.go.jp/MINJI/MINJI79/minji79.html

❷ 書き方の注意点

- A 書類のタイトルに「遺産分割協議書」と記載する
- B 相続を特定する情報として、被相続人の本籍、住所、氏名、死亡年月日を記載する
- C 具体的な協議内容を順番に記載する
- D 不動産の表示方法は登記事項証明書の記載どおりに、土地であれば所在・地番・地目・地積を記載し、家屋（建物）であれば所在・家屋番号・種類・構造・床面積を記載する。共有名義の場合は、被相続人の持分も記載する

× 千葉県千葉市〇〇 〇丁目〇番〇号〇〇マンション101号 → 住所を記載してしまっている

× 「自宅を長男に相続させる」「別荘を長女に相続させる」 → 不動産の所在が記載されていない

≪葬儀費用の負担や香典、お墓の管理について

　「**葬儀費用や香典は相続開始後に発生するものなので、本来、遺産分割の対象となりません**」。よって遺産分割協議書に記載することではありませんが、相続人間の確認という意味あいで記載してもかまいません。なお、相続税の申告においては、葬儀費用を控除することは可能です。

　お墓は相続財産ではなく「**祭祀財産**(さいしざいさん)」と呼ばれ、「**相続とは別に承継する人を決めます**」。あくまで相続財産とは別なので、本来であれば遺産分割協議書に記載することではなく、別途話しあいの場を設けて決めるようにします。ただ、すでに誰が承継するか決まっているのであれば、相続人間の確認事項として遺産分割協議書にあわせて記載しても差し支えありません。

≪債務について

　「**住宅ローンや借金などの債務については、相続人全員が法定相続分にしたがって相続する**」ものとされているため、遺産分割の対象となりません。「**裁判例でも、遺産分割はプラスの財産だけが対象になるのであって、マイナスの財産は遺産分割によって分配するものではない**」と解されています。

　しかし、相続人の立場からすると、住宅ローンは不動産を相続する相続人に支払ってもらいたいでしょうし、事業の借金は事業を引き継ぐ相続人に支払ってもらいたいというのが人情です。本来であれば、遺産分割協議で決めることではありませんが、相続人間においては特定の相続人が債務を相続するという取り決めも有効なので、あくまで相続人間での同意という趣旨であれば、遺産分割協議書に記載してもかまいません。

　ただし、特定の相続人が債務を相続するということを取り決めても、債権者や第三者に対しては無効です。債権者からすると、相続人間の協議によって資力がない相続人が債務を相続するなど、勝手に決められては困るからです。一方、「**債権者が同意すれば、特定の相続人が債務を相続するという取り決めも有効**」です。住宅ローンの支払いが残っているなど債務の支払いに関しては、金融機関や債権者にまずは同意を得るようにしましょう。

6-2 遺産分割協議書サンプル

2. 現物分割の遺産分割協議書

● 現物分割の遺産分割協議書サンプル

> 登記で使用する遺産分割協議書は、捨印も押しておくほうが便利です

> タイトルは「遺産分割協議書」と記載します

遺産分割協議書

　共同相続人である私たちは、次の相続について、下記のとおり遺産分割の協議をした。

被相続人の最後の本籍　東京都中野区○○　○丁目○番地○
　　　　　最後の住所　千葉県市川市○○　○丁目○番○号
　　　　　氏　名　　　佐藤誠一
　　　　　相続開始の日　令和○○年○○月○○日

> 相続を特定する内容として、被相続人の最後の本籍、最後の住所、氏名、相続開始の日（死亡日）を記載します。
> - 最後の本籍　直近の除籍（戸籍）謄本の本籍
> - 最後の住所　住民票除票の住所
> - 氏　名　　被相続人の除籍（戸籍）謄本上の正確な氏名
> - 相続開始の日　除籍（戸籍）謄本に記載されている死亡した日

（次頁に続く）

記

1. 相続財産中、次の不動産については、佐藤和也が相続する。

> 誰が何を相続するかを記載します

(1) 建物
　所　　在　　市川市○○○丁目○番地○
　家屋番号　　○○番○
　種　　類　　居宅
　構　　造　　木造スレート葺平家建
　床面積　　　80.00 m²
(2) 土地
　所　　在　　市川市○○○丁目
　地　　番　　○○○番○
　地　　目　　宅地
　地　　積　　200.00 m²
(3) 土地
　所　　在　　市川市○○○丁目
　地　　番　　○○○番○○
　地　　目　　公衆用道路
　地　　積　　20.00 m²

　被相続持分5分の1

> 不動産の場合には登記事項証明書記載どおりに記載します

> 私道は「公衆用道路」と登記されています

> 共有名義のときは被相続人の持分も記載する

2. 相続財産中、次の不動産については、佐藤みずえが相続する。

(1) 建物
　所　　在　　北杜市○○○丁目○番地○
　家屋番号　　○○番○
　種　　類　　居宅
　構　　造　　木造瓦葺平家建
　床面積　　　100.00m²
(2) 土地
　所　　在　　北杜市○○○丁目
　地　　番　　○○○番○
　地　　目　　宅地
　地　　積　　800.00m²
(3) 土地
　所　　在　　北杜市○○○丁目
　地　　番　　○○○番○○
　地　　目　　公衆用道路
　地　　積　　30.00m²

（次頁に続く）

> 3. 相続財産中、現金および下記の預貯金については、佐藤淳が相続する。
>
> (1) ○○銀行　○○支店　（普）1111111
> (2) □□銀行　□□支店　（普）2222222

預貯金については、金融機関名、支店名、種類、口座番号を記載します。金額は書いても書かなくてもどちらでもかまいません

> 4. 第1項、第2項および第3項以外のそのほか一切の財産について、佐藤和也が相続する。

後々のトラブル防止や新たに遺産が見つかった場合に再度遺産分割協議をしなくてもいいように、ほかの細々とした遺産について誰が相続するかを記載しましょう。遺産調査が不十分な場合や支障がある場合は書かなくても問題ありません

> 以上の協議を証するため、この協議書を作成し、各自署名捺印のうえ4通作成し、各自1通を保有し、1通は登記用として使用するものとする。

同じ内容の遺産分割協議書を相続人の人数分＋相続登記用に1通作成し、各自で保管します

> 令和○○年○○月○○日

遺産分割協議が整った日を記載します

> 住　所　千葉県市川市○○　○丁目○番○号
> 氏　名　　　佐藤　和也　　㊞
> 住　所　東京都中野区○○　○丁目○番○号
> 氏　名　　　佐藤　みずえ　㊞
> 住　所　埼玉県所沢市○○　○丁目○番○号
> 氏　名　　　佐藤　淳　　　㊞

各相続人が署名捺印（実印）します

195

6-2 遺産分割協議書サンプル

3. 換価分割の遺産分割協議書

● 換価分割の遺産分割協議書サンプル

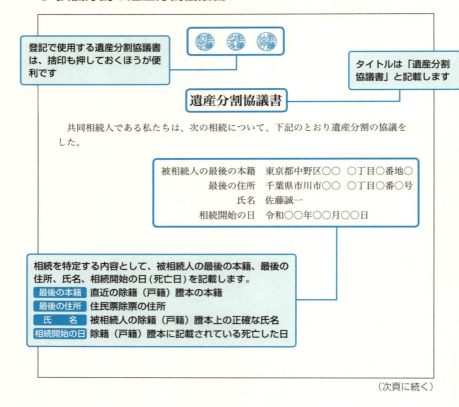

（次頁に続く）

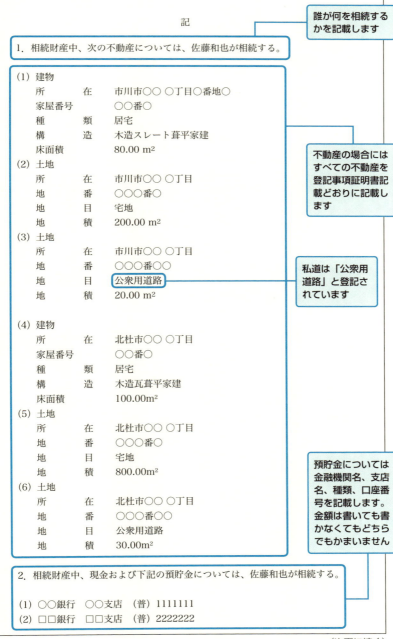

(次頁に続く)

3. 佐藤和也は、第1項の不動産を速やかに売却・換価するものとし、売却代金から、売却に関する一切の費用(不動産仲介手数料、登記費用、譲渡所得税、公租公課など)および売却が完了するまでに要する管理費用などを控除した残額を、全相続人の間で法定相続割合にしたがって分割し取得する。

> 売却して現金化する旨を記載し、売却代金をどのように分けるかも記載します

4. 第1項および第2項以外のそのほか一切の財産について、佐藤和也が相続する。

> 後々のトラブル防止や新たに遺産が見つかった場合に再度遺産分割協議をしなくてもいいように、ほかの細々とした遺産について誰が相続するかを記載しましょう。遺産調査が不十分な場合や支障がある場合は書かなくても問題ありません

　以上の協議を証するため、この協議書を作成し、各自署名捺印のうえ4通作成し、各自1通を保有し、1通は登記用として使用するものとする。

> 同じ内容の遺産分割協議書を相続人の人数分＋相続登記用に1通作成し、各自で保管します

令和〇〇年〇〇月〇〇日

> 遺産分割協議が整った日を記載します

住　所　千葉県市川市〇〇　〇丁目〇番〇号
氏　名　　　佐藤　和也　㊞
住　所　東京都中野区〇〇　〇丁目〇番〇号
氏　名　　　佐藤　みずえ　㊞
住　所　埼玉県所沢市〇〇　〇丁目〇番〇号
氏　名　　　佐藤　淳　㊞

> 各相続人が署名捺印(実印)します

6-2 遺産分割協議書サンプル

4. 代償分割の遺産分割協議書

● 代償分割の遺産分割協議書サンプル

> 登記で使用する遺産分割協議書は、捨印も押しておくほうが便利です

> タイトルは「遺産分割協議書」と記載します

遺産分割協議書

共同相続人である私たちは、次の相続について、下記のとおり遺産分割の協議をした。

被相続人の最後の本籍	東京都中野区〇〇 〇丁目〇番地〇
最後の住所	千葉県市川市〇〇 〇丁目〇番〇号
氏名	佐藤誠一
相続開始の日	令和〇〇年〇〇月〇〇日

> 相続を特定する内容として、被相続人の本籍、最後の住所、氏名、相続開始の日（死亡日）を記載します。
> - **最後の本籍** 直近の除籍（戸籍）謄本の本籍
> - **最後の住所** 住民票除票の住所
> - **氏名** 被相続人の除籍（戸籍）謄本上の正確な氏名
> - **相続開始の日** 除籍（戸籍）謄本に記載されている死亡した日

（次頁に続く）

199

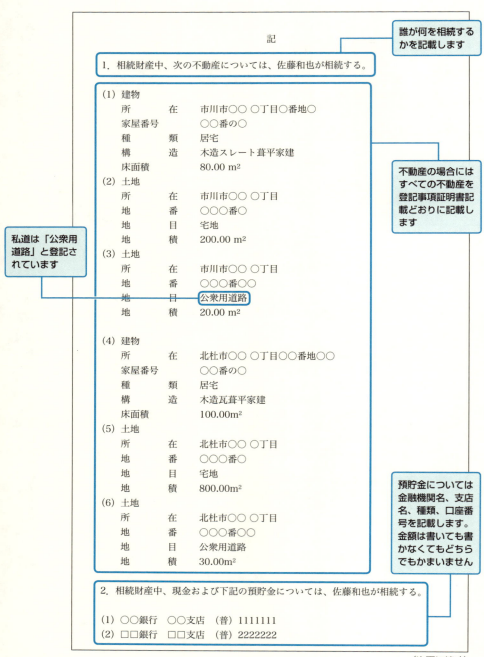

3. 佐藤和也は、第1項の不動産、第2項の現預貯金を相続する代償として、佐藤みずえ、佐藤淳に代償金1,000万円ずつを支払う。

> 相続する代わりに、ほかの相続人に対しいくら支払うことにするのか記載します

4. 第1項および第2項以外のそのほか一切の財産について、佐藤和也が相続する。

> 後々のトラブル防止や新たに遺産が見つかった場合に再度遺産分割協議をしなくてもいいように、ほかの細々とした遺産について誰が相続するかを記載しましょう。遺産調査が不十分な場合や支障がある場合は書かなくても問題ありません

　以上の協議を証するため、この協議書を作成し、各自署名捺印のうえ4通作成し、各自1通を保有し、1通は登記用として使用するものとする。

> 同じ内容の遺産分割協議書を相続人の人数分＋相続登記用に1通作成し、各自で保管します

令和○○年○○月○○日

> 遺産分割協議が整った日を記載します

住　所　千葉県市川市○○　○丁目○番○号
氏　名　　佐藤　和也　㊞
住　所　東京都中野区○○　○丁目○番○号
氏　名　　佐藤　みずえ　㊞
住　所　埼玉県所沢市○○　○丁目○番○号
氏　名　　佐藤　淳　㊞

> 各相続人が署名捺印（実印）します

201

6-3 相続人間で遺産の分け方を決める

1. 遺産分割でもめた場合

❶ 遺産分割協議がどうしても解決しない場合

　遺産分割協議は「**相続人全員が同意することが必須条件**」です。会議のように多数決で決まるものではありません。「**相続人のうち、ひとりでも納得しなければ、遺産分割協議は不成立**」になります。遺産分割協議が不成立の場合は、根本的な解決にはなりませんが法定相続どおりに処理をしてしまうか、家庭裁判所へ遺産分割の調停や審判を申し立てて解決を図ることになります。遺産分割調停に必要な書類については、裁判所のサイトからダウンロードできます（書き方は次々頁以降参照）。

裁判所HP：遺産分割調停の申立書
http://www.courts.go.jp/saiban/syosiki_kazityoutei/syosiki_01_34/index.html

● 遺産分割協議が不成立になった場合

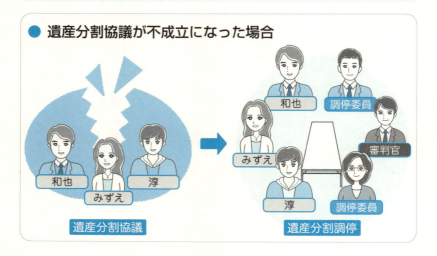

202

❷ 遺産分割調停とは

　遺産分割調停は、家事審判官（裁判官）と調停委員で組織される調停委員会が、中立公正な立場で各相続人の言い分を平等に聞いて調整をし、具体的な解決策を提案するなどして、話しあいで円満に解決できるように斡旋する手続きです。要は、「**話しあいの場を家庭裁判所に移しただけなので、相続人全員が同意しなければ調停は不成立**」となります。しかし、相続の専門家である調停委員が第三者として中立な立場で間に入ってくれるため、当人同士の話しあいよりは冷静に進められ、建設的かつ具体的な解決方法が見つかる可能性があります。調停が成立しない場合は、審判により解決を図ることとなります。

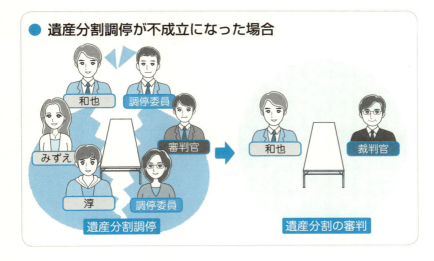

❸ 遺産分割の審判とは

　遺産分割の審判は、裁判官がそれぞれの相続割合について判断を下す手続きです。調停と違い、訴訟と同じように各自が自分の主張をし、その根拠となる裏づけ資料などを提出します。
　調停も審判も、お互いに主張が出尽くすまで続くので、長期化する傾向にあります。何度も裁判所へ足を運ぶことになりますし、弁護士を代理人に立てなければ、書類作成などは全部自分で行わなければなりません。それなりに時間と手間がかかることは覚悟しましょう。

● 遺産分割調停申立書サンプル

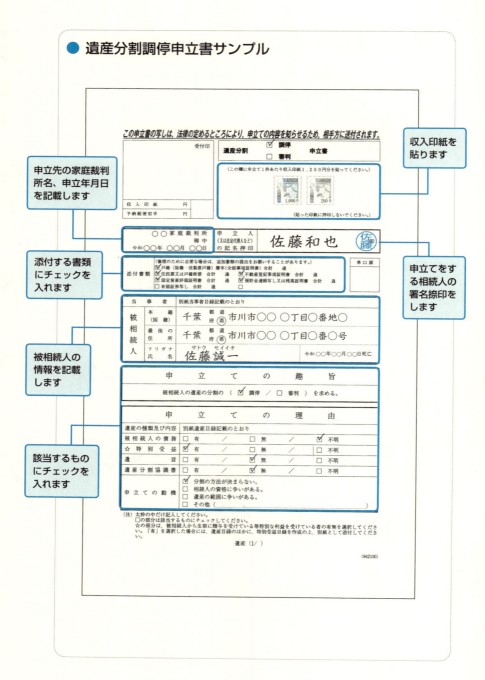

204

● 土地遺産目録サンプル

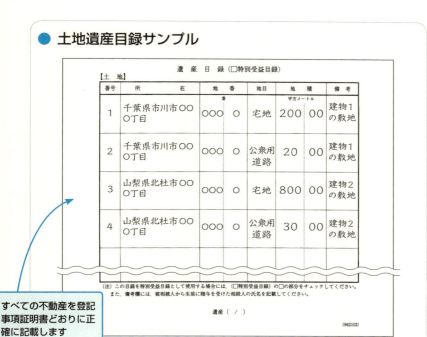

すべての不動産を登記事項証明書どおりに正確に記載します

● 建物遺産目録サンプル

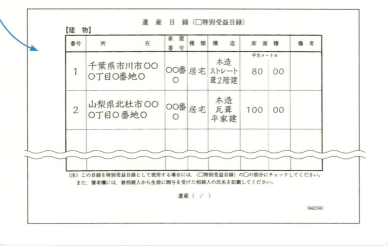

（次頁に続く）

● 現金・預貯金・株式等遺産目録サンプル

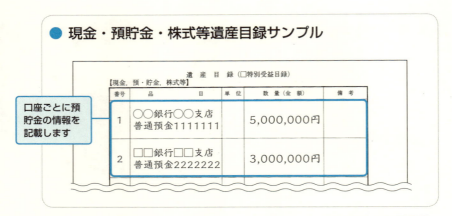

● 当事者目録サンプル

206

6-3 相続人間で遺産の分け方を決める
2. 相続人に未成年者がいる場合

❶ 相続人に未成年者がいる場合

　共同相続人の中に未成年者がいる場合、「**未成年者は遺産分割協議に参加できないので、"未成年者の法定代理人である親権者"が、その子に代わって遺産分割協議に参加する**」ことになります。これは、未成年者は法的知識が不十分で、どう分けるのが適当かを自分で判断することが難しいからです。

≪未成年の子の親権者も相続人である場合

　しかし、その親権者も相続人である場合、子と親権者は利益相反の関係（親権者が多く相続することで、子の取得分が少なくなる関係や利益が衝突する関係）にあることから、親権者はその子の代わりに遺産分割協議に参加する「**"特別代理人"を家庭裁判所に選んでもらう**」必要があります。特別代理人がその子を代理して、遺産分割協議に参加します。

≪未成年者の子が複数いる場合

　なお、親権者を同じくする未成年者の子が複数いる場合は、それぞれについて特別代理人選任の申立てを行います。つまり、相続人の子が長男と二男で、いずれも未成年の場合、それぞれ別の特別代理人を選任する必要があります。

≪特別代理人は候補者を立てられる

　特別代理人については、候補者を立てることができます。「**親族や知人などで、当該遺産分割協議に利害関係がなく、適当だと思われる人を候補者に立てるといい**」でしょう。ただし、候補者が適任かどうかは裁判所が判断するので、希望どおりに選任されるとはかぎりません。

　裁判所が、名簿に載っている弁護士などの第三者を特別代理人に選任することもあります。その場合は、報酬が発生するので注意が必要です。

❷ 特別代理人選任の手続きのしかた

● 特別代理人選任の手続きに必要なもの

✓	項　目	詳　細
✓	申立てができる人	親権者、親権者以外の相続人
✓	申立先（管轄の裁判所）	子の住所地の家庭裁判所
✓	費用	800円分の収入印紙、連絡用郵便切手（各管轄裁判所によって異なる）
✓	必要書類	A 申立書、B 添付書類（下記参照）

≪管轄の裁判所の調べ方
管轄の裁判所は裁判所のサイトで調べることができます。

裁判所HP：裁判所の管轄区域
http://www.courts.go.jp/saiban/kankatu/index.html

≪申立書
申立書は裁判所のサイトからダウンロードできます。

裁判所HP：特別代理人選任の申立書（遺産分割協議）
http://www.courts.go.jp/saiban/syosiki_kazisinpan/syosiki_01_11/index.html

≪添付書類
　一般的な添付書類は下記の4つになりますが、裁判所から追加で書類の提出を求められることもあります。なお、同じ書類は1通で足ります。
　書類は原則原本を提出することになります。

A 未成年者の戸籍謄本
B 親権者の戸籍謄本
C 特別代理人候補者の住民票または戸籍の附票
D 利益相反に関する資料として遺産分割協議書案

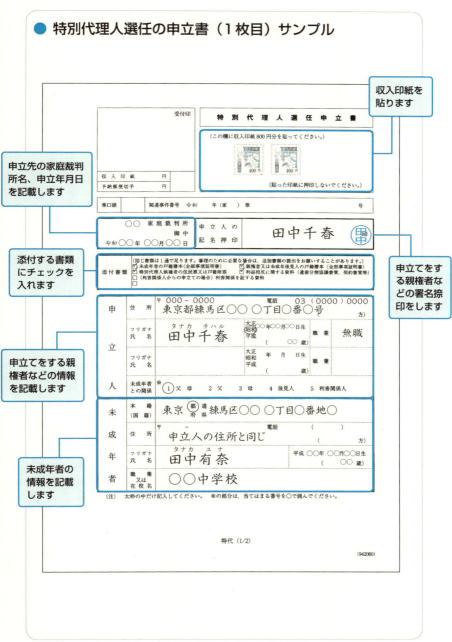

(次頁に続く) **209**

● 特別代理人選任の申立書（2枚目）サンプル

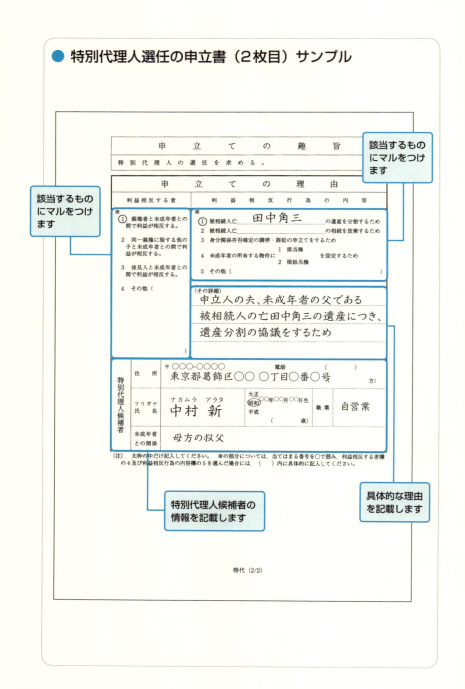

6-3 相続人間で遺産の分け方を決める

3. 相続人に行方不明の人がいる場合

❶ 相続人に行方不明者がいる場合

　相続人の中に、まったく連絡が取れず行方不明の人がいる場合でも、その人を除外して遺産分割協議を行うことはできません。音信不通でも相続人である以上、その人も入れて相続人全員で協議をしなければなりません。そうするといつまで経っても遺産分割協議を行えず、こう着状態になってしまいます。

　このような場合、裁判所に「**不在者財産管理人選任の申立て**」を行います。不在者とは、従来の住所や居所からいなくなってしまい、現状戻る見込みのない人をいいます。「不在者」というとわかりづらいかもしれませんが、いわゆる「**失踪や蒸発して行方不明である**」ということです。「**単に連絡が取れないといった事情だけでは不在者に該当しません**」。少なくとも住所を調べ、現地調査をする必要はあるかと思います。そのうえで、「手紙を出したが宛先不明で戻ってきた」「住所地を尋ねたが別の人の表札が出ていた」「周辺の人に尋ねたが該当する人は住んでいないと言われた」といった事情が重なれば、申立てを検討します。

　不在者に財産管理人がいない場合、本人に代わって財産を管理する財産管理人を裁判所が選びます。裁判所に選任された不在者財産管理人は、不在者の財産を管理、保存するほか、家庭裁判所の権限外行為許可を得たうえで不在者に代わり、遺産分割や不動産の売却などを行えます。

≪不在者の取り分はどうなる？

　ここで注意してほしいのは、「**不在者財産管理人は、原則、法定相続分にしたがった遺産分割協議を行う**」ということです。理由は、何か特別な事情がないかぎりは、不在者財産管理人の取り分として法定相続分の遺産（または相当する代償金）を確保しておく必要があるからです。「**不在者の取り分がまったくない遺産分割協議は認められない可能性があ**

211

る」ので、留意してください。

≪不在者財産管理人は候補者を立てられる

不在者財産管理人については、候補者を立てることができます。親族や知人などで当該遺産分割協議に利害関係がなく、適当と思われる人がいれば候補者を立てることも可能です。ただし、候補者が適任かどうかは裁判所が判断するので、希望どおりに選任されるとはかぎりません。

裁判所が名簿に載っている弁護士などの第三者を不在者財産管理人に選任することもあります。その場合は、報酬が発生するので注意が必要です。

≪不在者が7年間以上生死が不明の場合

なお、不在者の生死が7年以上不明であれば、当該相続人につき「"失踪宣告の申立て"を行い、法律上死亡したものとみなすことが可能」です。しかし、失踪宣告の手続きは容易ではなく、手続きが終わるまで1年以上かかることもあるので、あまり現実的ではないでしょう。

● 不在者財産管理人選任の手続きに必要なもの

✓	項目	詳細
✓	申立てができる人	検察官、不在者の配偶者、相続人、債権者など
✓	申立先（管轄の裁判所）	不在者の従来の住所地または居所の家庭裁判所
✓	費用	800円分の収入印紙、連絡用郵便切手（各管轄裁判所によって異なる）
✓	必要書類	A 申立書、B 添付書類

≪管轄の裁判所の調べ方

管轄の裁判所は裁判所のサイトで調べることができます。

裁判所HP：裁判所の管轄区域
http://www.courts.go.jp/saiban/kankatu/index.html

≪申立書をダウンロードする

申立書は裁判所のサイトからダウンロードできます。

> 裁判所HP：不在者財産管理人選任の申立書
> http://www.courts.go.jp/saiban/syosiki_kazisinpan/
> syosiki_01_05/index.html

≪必要な添付書類

　一般的な添付書類は下記の6つになりますが、裁判所から追加で書類の提出を求められることもあります。なお、同じ書類は1通で足ります。
　書類は原則原本を提出することになります。

- A 不在者の戸籍謄本
- B 不在者の戸籍の附票
- C 不在者財産管理人候補者の住民票または戸籍の附票
- D 不在の事実を証する資料
- E 不在者の財産に関する資料
- F 申立人の利害関係を証する資料（戸籍謄本、遺産分割協議書案など）

❷ 不在者財産管理人の仕事

　不在者財産管理人は、不在者の代わりに遺産分割協議に参加したり、本人の財産を管理したりする責任があります。また不在者の行方の調査をしていくことにもなるので、ある程度の法的知識が必要となることから、**「不在者財産管理人には弁護士などの専門家が選ばれることが多い」**です。案件によっては不在者の親族など一般人が選ばれることもあります。

　不在者財産管理人は、不在者のために財産を管理するので、自分の利益のために使い込んだりすることはできません。また正当な理由がないにもかかわらず、不在者の利益を少なくさせてほかの人の利益につなげる行為もできません。つまり、遺産分割協議で不在者の取り分をゼロにして、ほかの相続人の取り分を多くさせるような行為は原則禁じられています。不在者の権利を守るために、少なくとも法定相続分を確保することが求められます。

● 不在者財産管理人選任の申立書
　（家事審判申立書：1枚目）サンプル

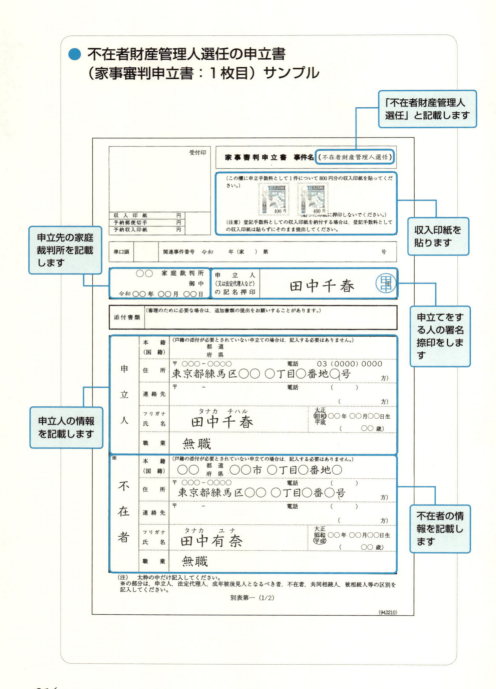

● 不在者財産管理人選任の申立書
（家事審判申立書：2枚目）サンプル

> 不在者の財産管理人を選任してほしい旨を記載します

申　立　て　の　趣　旨
不在者の財産管理人を選任するとの審判を求めます。

申　立　て　の　理　由
1　申立人は、不在者の母です。
2　不在者は、平成〇〇年〇〇月〇〇日男性と富山方向へ出かけて以来音信が途絶えたため、親戚、友人などに照会をしてその行方を探しましたが、今日までその所在は判明しません。
3　令和〇〇年〇〇月〇〇日に不在者の父角三が死亡し、別紙財産目録記載の不動産などにつき、不在者がその共有持分（6分の1）を取得しました。また、不在者に負債はなく、そのほかの財産は別紙目録のとおりです。
4　このたび、亡角三の共同相続人間で遺産分割協議をすることになりましたが、不在者は財産管理人を置いていないため、分割協議ができないので、申立ての趣旨のとおりの審判を求めます。
　　なお、財産管理人として、不在者の叔父（亡角三の妻の兄）である次の者を選任することを希望します。

　　　住所　東京都葛飾区〇〇　〇丁目〇番〇号
　　　（電話番号 03-0000-0000）
　　　氏名　中村 新（昭和〇〇年〇〇月〇〇日生 職業 自営業）|

別表第一　(2/2)

> 所在が不明になった事情を、時系列に沿って詳しく記載します

6-3 相続人間で遺産の分け方を決める

4. 相続人に認知症の人がいる場合

❶ 相続人に認知症の人がいる場合

　相続人の中に、認知症などが原因で判断能力が十分でない人がいる場合、「**成年後見制度**」を利用します。

　認知症、知的障害、精神障害などの理由で判断能力が不十分と思われる人は、不動産や預貯金などの財産を管理したり、身の回りの世話のために介護などのサービスや施設への入所に関する契約を結んだり、遺産分割の協議をしたりする必要があっても、自分でするのが難しい場合があります。このような判断能力の不十分な人たちを保護し、支援するのが成年後見制度です。

　成年後見制度には、大きく分けると、「**法定後見制度**」と「**任意後見制度**」の２つがあり、さらに法定後見制度には、判断能力の程度や本人の事情に応じて「**後見**」「**保佐**」「**補助**」の３つに分かれています。

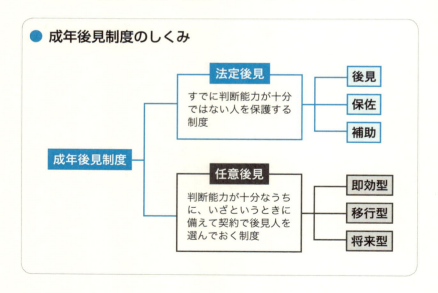

● 成年後見制度のしくみ

❷ 法定後見の種類と後見人

　法定後見のうち、支援を必要とする程度が高い人から「**後見**」「**保佐**」「**補助**」と類型が分かれています。どの類型に相当するのかは医師に診断してもらい、申立ての際に診断書を家庭裁判所に提出します。「後見」の類型に相当するのは、常時判断能力が欠けている状態の人をいい、目安として「**"自分で買い物をすることができない（お釣りの計算ができない）"場合は後見に相当**」します。「**後見相当の人を支援する立場の人を"後見人"といい**」、後見人を誰にするかは家庭裁判所が選びます。

● 法定後見の種類

支援の程度　高い ← 低い

	後見（こうけん）	保佐（ほさ）	補助（ほじょ）
対象となる人	判断能力が欠けているのが通常の状態の人	判断能力が著しく不十分な人	判断能力が不十分な人
申立てをすることができる人	本人、配偶者、4親等内の親族、検察官、市区町村長		
支援する人	成年後見人	保佐人	補助人
支援する人に与えられる代理権の範囲	財産に関するすべての法律行為	申立ての範囲内で家庭裁判所が定める特定の法律行為	
制度を利用した場合の制限	・印鑑登録廃止 ・医師、会社役員などの地位を失う	・医師、会社役員などの地位を失う	

≪成年後見などの申立ての調べ方

　成年後見などの申立てについては、家庭裁判所のサイトで調べることができます。また各家庭裁判所に、成年後見の専門サイトを設置しているところもあるので見ておくといいでしょう。申立書は家庭裁判所のサイトからダウンロードできます。

> **裁判所HP：成年後見制度**
> http://www.courts.go.jp/saiban/syurui_kazi/kazi_09_02/index.html

　成年後見制度を利用する場合の注意点は次の2つです。1つ目は、取りそろえる書類が多岐に渡るということです。2つ目は、裁判所に申立

217

てをしてから審判がおりるまで通常2週間～1カ月程度かかるので、準備期間も入れると1カ月から数カ月程度の時間がかかってしまうということです。

≪後見人の候補者は立てられる

　後見人の候補者を立てることはできますが、候補者が後見人に適任かどうかを判断するのは裁判所なので、必ずしも希望どおりになるとはかぎりません。弁護士、司法書士などが選ばれることもあります。その場合は、報酬が発生するので、これも注意が必要です。

❸ 後見人の仕事

　後見人は本人に代わって、「**預貯金などの財産を管理したり、施設入所・入院・介護サービスなどの契約を締結するといった本人の住環境を整えたりするのが主な仕事**」です。遺産分割協議へは、後見人が本人の法定代理人として参加して協議します。遺産分割協議書へ署名捺印するのも後見人になります。なお、後見人も相続人の1人である場合には、本人と後見人の利益が相反してしまうので、後見人は本人を代理することができません。この場合、家庭裁判所に「特別代理人選任」という申立てをして、本人の代理人を別で決めます。

≪被後見人（本人）の取り分はどうなる？

　後見人は、被後見人（本人）の財産を守る立場にあるので、基本的に、法定相続分にしたがった遺産分割協議をします。何か特別な事情がないかぎり、被後見人の取り分がまったくない遺産分割協議は、後見人としての責任を家庭裁判所から問われる可能性があるためできません。

≪後見人は遺産分割協議が終わっても辞められない

　後見人の業務は、被後見人（本人）が亡くなるまでずっと続くので、遺産分割協議が申立ての動機だったとしても、遺産分割協議が終わったからといって後見人を辞めることはできません。財産を管理する責任ある立場なので、安易な気持ちで後見人を引き受けることは避けましょう。

この章の中で、何月何日に●●●をしようと決めたらここに書き込んで、実際にやったらチェックを入れましょう。

年	月	日		✓
年	月	日		✓
年	月	日		✓
年	月	日		✓

第7章

個別CASE

自筆で書いた遺言書がある場合

　法律上、遺言書（公正証書遺言を除く）の保管者またはこれを発見した相続人は、遺言者の死亡を知った後、速やかに遺言書を家庭裁判所に提出し、その「検認」を請求しなければなりません。また、封印のしてある遺言書は、家庭裁判所で相続人などの立ち会いのうえ、開封しなければならないことになっています。

　検認とは、相続人全員に対し遺言の存在およびその内容を知らせるとともに、遺言書の形状、加除訂正の状態、日付、署名など検認の日現在における遺言書の内容を明確にして、遺言書の偽造・変造を防止するための手続きです。遺言の有効・無効を判断する手続きではないので注意してください。

　実際の各種相続手続きにおいても、公正証書遺言を除く遺言書は、まず家庭裁判所での検認を通さなければ使用することができません。

7-1 自筆の遺言書を有効にする検認の手続き

1. 家庭裁判所に検認の手続きを申請する

❶ 自筆の遺言書の偽造・変造を防止する

　法務局で保管されていない自筆の遺言書（**自筆証書遺言**）があった場合、まず家庭裁判所で検認を受けて、その遺言書を有効にしなければなりません。「**検認されることで、検認日における遺言書の形状、加除訂正、日付、署名をはっきりさせ、遺言書の偽造・変造を防止します**」。

　法務局で保管されている自筆の遺言書と公正証書遺言は、検認しなくても遺言書としての効果を発揮します。

● 法務局で保管されていない自筆の遺言書の検認手続きに必要なもの

項目	詳細
申立てができる人	自筆の遺言書の保管者、自筆の遺言書を発見した相続人
申立先（管轄の裁判所）	被相続人（遺言者）の最後の住所地の家庭裁判所
費用	A 遺言書1通につき800円分の収入印紙 B 連絡用の郵便切手（申立先の家庭裁判所によって切手の内訳・金額が異なる） C 検認済証明書発行費用として150円分の収入印紙
必要書類	A 申立書、B 添付書類（次頁参照）

≪管轄の裁判所の調べ方

　管轄の裁判所は裁判所のサイトで調べることができます。

　裁判所HP：裁判所の管轄区域
　http://www.courts.go.jp/saiban/kankatu/index.html

≪申立書

申立書は裁判所のサイトからダウンロードできます。

> 裁判所HP：遺言書の検認の申立書
> http://www.courts.go.jp/saiban/syosiki_kazisinpan/syosiki_01_17/index.html

❷ 必要な添付書類

　検認の手続きにおいて添付する書類は、相続登記の際に必要な書類とほぼ重複しています。同じ書類は1通で足ります。もし、「**申立て前にどうしても入手が不可能な戸籍謄本などがある場合は、申立て後に追加提出する**」ことでも差し支えありません。

　下記の添付書類は原則、原本提出となります。原本を返却してほしい場合は、裁判所に手続きする必要があります。何も言わなければ原本は返ってこないので、原本を戻してほしい場合は必ず「**原本還付の手続き**」を取りましょう。ただし、裁判所によっては返してくれない場合もあります。相続登記に使用する戸籍謄本（除籍謄本、改製原戸籍謄本）とは別で取得していれば（つまり各2通以上集めている）原本を提出しても差し支えありませんが、各1通しか取得していない場合は再度書類集めをしなければならないので注意してください。

　下記添付書類のうち、A と B は必ず必要ですが、C 以降は該当している場合のみ必要になります。家庭裁判所から、必要に応じて次の5つ以外の追加書類の提出を求められる場合もあります。

- A 遺言者（被相続人）の出生時から死亡時までのすべての戸籍謄本（除籍謄本、改製原戸籍謄本）
- B 相続人全員の戸籍謄本
- C 遺言者の子（およびその代襲者）で死亡している人がいる場合：その人の出生時から死亡時までのすべての戸籍謄本（除籍謄本、改製原戸籍謄本）
- D 相続人に第2順位の相続人である父母・祖父母などがいる場合：父母、祖父母で死亡している人がいる場合は、その人の死亡の記載のある戸籍謄本（除籍謄本、改製原戸籍謄本）

（次頁に続く）

E 遺言者の兄弟姉妹および甥、姪または第2順位、第3順位の相続人がすべて死亡していて相続人が配偶者のみの場合：
- 遺言者の父母の出生から死亡時までのすべての戸籍謄本（除籍謄本、改製原戸籍謄本）
- 遺言者の直系尊属の死亡の記載のある戸籍謄本（除籍謄本、改製原戸籍謄本）
- 遺言者の兄弟姉妹で死亡している人がいる場合、その兄弟姉妹の出生時から死亡時までのすべての戸籍謄本（除籍謄本、改製原戸籍謄本）
- 代襲相続人である甥、姪で死亡している人がいる場合、その甥または姪の死亡の記載のある戸籍謄本（除籍謄本、改製原戸籍謄本）

COLUMN

遺言書を無効と主張したいときは

　法務局で保管されていない自筆の遺言書は検認の手続きをしなければならず、これは、「**遺言書の偽造・変造を防止し証拠保全するため**」の形式的な手続きになるので、遺言書が有効か無効かという内容にまで踏み込んだ判断はされません。

　では、遺言書が有効か無効かで争いがある場合はどうすればいいのでしょうか。この場合、原則「**まずは家庭裁判所に調停の申立てを行い、調停で解決しない場合には"遺言無効確認請求訴訟"を起こす**」という流れになります。遺言書が無効である理由としては、「法定の要式を満たしていない」「詐欺・脅迫によって遺言させられた」など、さまざまな理由があります。なかでも1番多いのは、「**認知症などで遺言能力が欠如していた**」という理由で遺言書の無効を主張されるケースです。特に自筆の遺言書の場合、公正証書遺言とは異なり、どのような状況下で書かれたのかがまったくわからないため、相続人のうちの誰かが本人に書かせたのではないかといった疑念から、トラブルに発展することが多くあります。

　せっかく書くのであれば、「相続人間に不公平が生じないような内容にする」「特定の相続人にだけ相続させるのであればその根拠を書いておく」「公正証書遺言にする（公証人など専門家の意見を聞きながら作成する）」といった円満な相続を目指した遺言書を心がけたいものです。

● **家事審判申立書（遺言書の検認：1頁目）サンプル**

申立先の家庭裁判所を記載します	
「遺言書の検認」と記載します	
800円分の収入印紙を貼ります。押印（消印）はしません	
提出日を記載します	
住所で確実に連絡が取れるときは記載しません	
署名捺印します	
被相続人の最後の住所を記載します。申立人と同じであれば「申立人の住所と同じ」と記載します	
「遺言者」と書き被相続人である遺言者の情報を記載します	
1/2と記載します	
申立人の情報を記載します	

申立書記入例：

受付印

家事審判申立書　事件名（遺言書の検認）

（この欄に申立手数料として1件について800円分の収入印紙を貼ってください。）

収入印紙　400円 × 2

（注意）登記……押印しないで下さい。……場合は、登記手数料としての収入印紙は……に貼らずに提出してください。

収入印紙	円
予納郵便切手	円
予納収入印紙	円

準口頭　関連事件番号　令和　年（家　）第　　　号

○○家庭裁判所　御中
令和○○年　○○月　○○日

申立人（又は法定代理人など）の記名押印　佐藤和也　㊞（佐藤）

添付書類　戸籍（除籍、改製原戸籍謄本）○通
（審理のために必要な場合は、追加書類の提出をお願いすることがあります。）

申立人
- 本籍（国籍）：千葉都道府県　市川市○○　○丁目○番地○
- 住所：〒000-0000　千葉県市川市○○　○丁目○番○号　電話 000（0000）0000　（　　方）
- 連絡先：〒　－　　電話　（　）　（　　方）
- フリガナ：サトウ　カズヤ　氏名：佐藤和也
- 大正・昭和・平成○○年　○○月○○日生（○○歳）
- 職業：会社員

※遺言者
- 本籍（国籍）：東京都道府県　中野区○○　○丁目○番地○
- 最後の住所：申立人の住所と同じ　電話（　）　（　　方）
- 連絡先：〒　－　　電話　（　）　（　　方）
- フリガナ：サトウ　セイイチ　氏名：佐藤誠一
- 大正・昭和・平成○○年　○○月○○日生（○○歳）
- 職業：

（注）太枠の中だけ記入してください。
※の部分は、申立人、法定代理人、成年被後見人となるべき者、不在者、共同相続人、被相続人等の区別を記入してください。

別表第一（1/2）

（000000）

● 家事審判申立書(遺言書の検認:2頁目)サンプル

検認の申立ての趣旨を記載します

申　立　て　の　趣　旨

遺言者の自筆証書による遺言書の検認を求めます。

誰が遺言書をどこにどのような状態で保管しているかを記載します

申　立　て　の　理　由

1. 申立人は遺言者から、平成○○年○○月○○日に遺言書を預かり、申立人の自宅金庫に保管していました。

2. 遺言者は令和○○年○○月○○日に死亡しましたので、遺言書(封印されている)の検認を求めます。
   なお、相続人は別紙の相続人目録のとおりです。

被相続人が死亡した旨と、遺言書を発見したときの状況がわかれば記載します

別表第一 (2/2)

2/2と記載します

● 当事者目録（遺言書の検認）サンプル

> 「相続人」と書き相続人の情報を記載します。
> 相続人全員について同様に記載します

※ 相続人	本　籍	千葉 都・道・府・(県) 市川市○○ ○丁目○番地○
	住　所	〒 000 - 0000 千葉県市川市○○ ○丁目○番○号 （　　　　　　方）
	フリガナ 氏　名	サトウ　カズヤ 佐藤和也	大正・(昭和)・平成 ○○年○○月○○日生 （ ○○ 歳）

※ 相続人	本　籍	東京 (都)・道・府・県 中野区○○ ○丁目○番地○
	住　所	〒 000 - 0000 東京都中野区○○ ○丁目○番○号 （　　　　　　方）
	フリガナ 氏　名	サトウ　ミズエ 佐藤みずえ	大正・(昭和)・平成 ○○年○○月○○日生 （ ○○ 歳）

※ 相続人	本　籍	埼玉 都・道・府・(県) 所沢市○○ ○丁目○番地○
	住　所	〒 000 - 0000 埼玉県所沢市○○ ○丁目○番○号 （　　　　　　方）
	フリガナ 氏　名	サトウ　アツシ 佐藤 淳	大正・(昭和)・平成 ○○年○○月○○日生 （ ○○ 歳）

	本　籍	都・道・府・県
	住　所	〒　－ （　　　　　　方）
	フリガナ 氏　名		大正・昭和・平成 　年　月　日生 （　　歳）

（注）　太枠の中だけ記入してください。　※の部分は、申立人、法定代理人、成年被後見人となるべき者、不在者、共同相続人、被相続人等の区別を記入してください。

225

7-1 自筆の遺言書を有効にする検認の手続き

2. 検認の流れ

❶ 検認の流れ

家庭裁判所に申立てをしたその日に検認がされるわけではなく「**申立てをしてから、おおむね１週間〜１カ月の期間で検認の期日が設定されます**」。裁判所によっては１カ月以上かかる場合もあります。相続人全員に対し検認の期日が通知されるため、ある程度の期間が必要となります。余裕を持って進めましょう。

● 自筆の遺言書の検認手続きの流れと必要なもの

	作業手順	注意事項
1	申立書の作成と必要書類の準備	
2	管轄の家庭裁判所に必要書類を添えて申立書提出	窓口に持っていくか郵送
3	検認の期日の通知・呼び出し	家庭裁判所から相続人全員に対し、検認を行う期日の日時・場所が通知される
4	検認	検認期日に、相続人立会いのもと、検認の手続きが行われる。なお、相続人全員が出席しなくても、検認の手続きは完了する。 ● 当日用意するもの 　Ⓐ 遺言書（必ず必要。忘れないようにくれぐれも注意を） 　Ⓑ 申立人の印鑑 　Ⓒ 150円の収入印紙（検認済証明書発行のため） 　Ⓓ そのほか裁判所から指示があったもの
5	検認済証明書の申請	遺言書に基づく各種手続きを行う際には、検認した旨の証明書がついた遺言書が必要となるので、「検認済証明書」の発行を申請する。申請の際に、150円の収入印紙と申立人の印鑑が必要になる

この章の中で、何月何日に●●●をしようと決めたらここに書き込んで、実際にやったらチェックを入れましょう。

年	月	日		✓
年	月	日		✓
年	月	日		✓
年	月	日		✓

第8章

いよいよ相続登記をしよう

すべてのCASEに共通

　戸籍謄本などの書類集めが終わると、相続登記の準備も佳境に入ります。戸籍謄本などを提出してそれで終わりということではなく、申請する側がこの不動産について、いつ誰が相続したのか所定の様式（登記申請書）に記載しなければなりません。登記申請書を作成しないことには、相続登記は受けつけてもらえません。

　自分で登記申請書を作成することに不安を感じる人もいるでしょうが、ここまで自分でやってきたのであれば大丈夫です。書き方は決まっているものの、これまで集めた書類をもとに登記に必要な事項を抜粋して記載していくので、特別な知識を要するといったものではありません。どうしても自分で作成することが難しい場合には、最終手段として登記申請だけ司法書士などの専門家に依頼する方法もあります。気負わず、まずは登記申請書づくりにチャレンジしてみてください。

8-1 登記申請をするための事前準備

1. 登記に必要な書類の確認

❶ チェックシートで登記に必要な書類を確認する

　登記を申請するには、「**まず登記申請書を作成する**」必要があります。登記申請書のほかにも、いくつかの書類を一緒に添付しなければなりません。ここまでで集めてきた戸籍謄本（除籍謄本、改製原戸籍謄本）や住民票除票なども添付する書類のひとつです。

≪どの相続パターンでも登記申請書は必要
　遺言書によるパターン、法定相続によるパターン、遺産分割協議書によるパターンの「**どのパターンにおいても登記申請書は作成する**」ことになります。

≪必要書類に不備がないようにチェックシートを使う
　作成した登記申請書や添付書類に不備があると、修正をするために法務局へ再度出向かなければならなかったり、後日再提出することになったりして、審査の期間が延びてしまいます。また、修正で処理できないようなミスだと、1度申請を取り下げて、再度申請をしなければいけないこともあります。再申請になると、取下げ書を提出したり、納めた登録免許税の還付手続きをしなければならなかったりと、余計な手間がかかってしまいます。登記申請書などを作成するときは不備のないように正確に作成しましょう。
　添付書類についても不足しているものがないか、念入りに確認します。それぞれの相続パターンによってどの書類を添付するのか、次頁以降にわかりやすく表にまとめてあるので、必要に応じて「必要書類一覧表（チェックシート）」をコピーして利用してください。

●「遺言書による相続登記」の申請に必要な書類一覧

✓		用意する書類	参照頁
✓	1	登記申請書	236頁参照
✓	1−2	登録免許税納付用台紙（収入印紙を貼る）	244頁参照
✓	2	相続関係説明図	245頁参照
✓	3	遺言書（法務局で保管されていない自筆証書遺言の場合は検認済みのもの）	73頁参照 自筆証書遺言の場合は220頁参照
✓	4	亡くなった人の死亡の記載がある戸籍謄本（除籍謄本）※	131頁参照
✓	5	亡くなった人の住民票除票（または戸籍の除附票）	120頁参照
✓	6	不動産を相続する相続人の戸籍謄本	136頁参照
✓	7	不動産を相続する相続人の住民票（または戸籍の附票）	125頁参照
✓	8	固定資産評価証明書（または固定資産税納税通知書課税明細書）	164頁参照
✓	9	委任状（代理人に依頼する場合のみ）	254頁参照

※ 不動産を相続する相続人が親や兄弟姉妹などの場合、遺言書の記載のしかたによっては、亡くなった人の出生から死亡までの戸籍謄本一式や先順位者の死亡を証する除籍謄本等が必要になります。

●「法定相続による相続登記」の申請に必要な書類一覧

✓		用意する書類	参照頁
✓	1	登記申請書	236頁参照
✓	1−2	登録免許税納付用台紙（収入印紙を貼る）	244頁参照
✓	2	相続関係説明図	245頁参照
✓	3	亡くなった人の出生から死亡までのすべての戸籍謄本（除籍謄本、改製原戸籍謄本）一式	140頁参照
✓	4	亡くなった人の住民票除票（または戸籍の除附票）	120頁参照
✓	5	相続人全員の戸籍謄本	136頁参照
✓	6	相続人全員の住民票（または戸籍の附票）	125頁参照
✓	7	固定資産評価証明書（または固定資産税納税通知書課税明細書）	164頁参照
✓	8	委任状（代理人に依頼する場合のみ）	254頁参照

※ 相続人の中に相続放棄をした相続人がいる場合は、相続放棄受理証明書を添付します（相続放棄については276頁以降参照）。
※ 代襲相続（53頁参照）や数次相続（55頁参照）の場合など、相続人の中で死亡した人がいるときは、その出生から死亡までの戸籍謄本（除籍謄本、改製原戸籍謄本）一式も添付します（160頁参照）。

●「遺産分割協議による相続登記」の申請に必要な書類一覧

✓		用意する書類	参照頁
✓	1	登記申請書	236頁参照
✓	1-2	登録免許税納付用台紙（収入印紙を貼る）	244頁参照
✓	2	相続関係説明図	245頁参照
✓	3	遺産分割協議書	第6章191頁以降参照
✓	4	相続人全員の印鑑登録証明書	189頁参照
✓	5	亡くなった人の出生から死亡までのすべての戸籍謄本（除籍謄本、改製原戸籍謄本）一式	140頁参照
✓	6	亡くなった人の住民票除票（または戸籍の除附票）	120頁参照
✓	7	相続人全員の戸籍謄本	136頁参照
✓	8	不動産を相続する相続人の住民票（または戸籍の附票）	125頁参照
✓	9	固定資産評価証明書（または固定資産税納税通知書課税明細書）	164頁参照
✓	10	委任状（代理人に依頼する場合のみ）	254頁参照

※ 上記のほかに、相続人の中に未成年者がいる場合の「**特別代理人**」、行方不明者がいる場合の「**不在者財産管理人**」、認知症などの人がいる場合の「**成年後見人**」などが選任されているときは、それぞれの選任されたことを証する「**審判書**」などを添付する必要があります。

※ 相続人の中に相続放棄をした相続人がいる場合は、相続放棄受理証明書を添付します（相続放棄については276頁以降参照）。

※ 代襲相続（53頁参照）や数次相続（55頁参照）の場合など、相続人の中で死亡した人がいるときは、その出生から死亡までの戸籍謄本（除籍謄本、改製原戸籍謄本）一式も添付します（160頁参照）。

> 同時に「法定相続情報証明」制度を利用する場合は、163頁を参照してください。

法定相続情報証明を先に取得した場合は、登記申請においても、戸籍謄本等の一式の代わりに法定相続情報証明を利用することができます。
法定相続情報証明を登記申請の際に添付すると、下記の書類の添付は不要です。

- ●亡くなった人の出生から死亡までのすべての戸籍謄本（除籍謄本、改製原戸籍謄本）一式
- ●亡くなった人の住民票除票（または戸籍の除附票）
  ※法定相続情報証明に住所を記載している場合
- ●相続人全員の戸籍謄本
- ●不動産を相続する相続人の住民票（または戸籍の附票）
  ※法定相続情報証明に住所を記載している場合

8-1 登記申請をするための事前準備

2. 登記費用を計算しよう

❶ 登録免許税

　登記の申請をする際には、法律で定められた登録免許税という税金を納めなければいけません。登録免許税は、登記の名義を書き換えるときにかかる税金で、相続税や固定資産税とは別のものになります。

● 登録免許税の算出のしかた

　登録免許税額 ＝ 課税価格 × 税率（0.4％）

❷ 課税価格

　相続登記の登録免許税額を計算する際に、まずは課税価格を知る必要があります。これは、第5章で取得した **"固定資産評価証明書（または固定資産税納税通知書課税明細書）" を見ればわかります**」。「令和○年度価格」「評価額」といった項目名のところを見ると、不動産の価格が記載されています。この金額が課税価格に該当し、登記申請書の課税価格のところに記載します。

　課税価格の1,000円未満の数字は切り捨てます。

● 不動産の価格が 1,567万 6,555 円の場合

　課税価格　1,567万 6,000 円（上記価格の 1,000 円未満切り捨て）

● 不動産の価格が 698 円の場合

　課税価格　1,000 円
　※ 不動産の価格が1,000円未満の場合、1,000円となります（最低額1,000円）。

231

≪ア 不動産が2筆以上ある場合

　同じ法務局の管轄内に不動産の数が2筆以上あり、同時に手続きを進める場合は、不動産の価格を合算した金額が課税価格になります。

　たとえば、239頁の登記申請書の不動産の表示のところを見ると、建物と土地の2筆の不動産が記載されています。この場合、建物と土地のそれぞれの不動産の価格を足します。

> 例　建物の不動産価格：　156万円
> 　　土地の不動産価格：　344万300円
> 　　　　　　　合計：500万300円
> 　1,000円未満は切り捨てのため、 課税価格 500万円

≪イ 被相続人の持分を相続する場合

　不動産がもともと共有名義になっていて、被相続人の持分を相続する場合は、その持分割合を掛けた金額が課税価格になります。

> 例　被相続人（夫）2分の1、妻2分の1の共有名義で持っていた不動産（価格：1,000万円）を、夫が死亡したので、夫の持分である2分の1を相続する場合
>
> 不動産価格1,000万円 × $\frac{1}{2}$ = 500万円
> 課税価格 500万円

≪ウ 区分建物（マンション）の場合

　区分建物（マンション）の場合、建物については、部屋ごとの不動産の価格が固定資産評価証明書に記載されているので、その金額が課税価格になります。

　一方、敷地である土地の権利はそのマンションの各部屋の所有者が共有で持ちあっています。2分の1、10分の1といった簡単な割合ではなく、10万分の1,165など、大きな数字の割合になっていることが一般的です。

　土地の固定資産評価証明書には、土地全体の不動産価格しか記載されていないので、敷地権の持分割合に応じて計算しなければなりません。

計算のしかたは、「イ 被相続人の持分を相続する場合」と同じですが、そのためにはまず被相続人の敷地権の持分割合を知る必要があります。

通常は、「**都税事務所や市区町村で取得した固定資産評価証明書に敷地権割合が書いてありますが、固定資産税納税通知書課税明細書には書かれていません**」。不明な場合は、登記事項証明書を見れば、敷地権割合が登記されています。101頁の登記事項証明書のサンプルでいうと、中ほどの「表題部（専有部分の建物の表示）」の下の「表題部（敷地権の表示）」の③「**敷地権の割合**」というところを見ます。そこに「1,069,596分の7,667」とあるのが、この区分建物の所有者が持っている敷地権割合となります。

固定資産評価証明書（または固定資産税納税通知書課税明細書）に記載されている不動産の価格は、通常はその土地全体の価格が書かれています。土地全体の価格に、敷地権割合を掛けて、土地の課税価格を出します。

> **例** 建物の不動産価格は500万円。土地全体の不動産価格が1億円で、敷地権割合が10万分の500のマンションの場合
>
> $$1億円（土地全体の価格）\times \frac{500}{10万}（敷地権割合）= 50万円$$
>
> 建物の不動産価格：500万円
> 敷地権割合の価格： 50万円
> 合計：550万円
>
> **課税価格** 550万円

≪エ 公衆用道路（私道）がある場合

土地の地目が公衆用道路となっている私道（国道、県道ではない私有地の道路）の場合、公の用に供しているということで、「**固定資産税はかからない非課税の土地になりますが、相続登記で名義を書き換える際の登録免許税については無税ではありません**」。名義書換料としての登録免許税を納める必要があります。ただし、課税価格は一般の土地に比べ、軽減措置が適用となり、かなり安い金額になります。

計算をするうえで、公衆用道路は固定資産評価証明書を見ても、固定資産税が非課税のため、不動産価格が載っていません。非課税と書かれていたり、0円という表示になっていたりします。この場合、「**近隣の基準となる土地をもとに計算**」することになります（これを「**近傍宅地**」といいます）。近傍宅地の価格が固定資産評価証明書に載っていなければ、基準となる近傍宅地は、法務局に認定してもらいます。一緒に相続登記を行う、ある程度の広さを持った宅地であることが一般的ですが、自己判断は危険なので事前に管轄法務局へ照会しましょう。

近傍宅地の価格が固定資産評価証明書に載っていない場合

法務局で近傍宅地を認定してもらう

土地の登記事項証明書、公図などの資料を提示して法務局に照会します

近傍宅地の1m²単価を出す

近傍宅地の固定資産評価証明書を見て、1m²あたりの単価を計算します。近傍宅地が相続登記をする土地以外の場合は、別途固定資産評価証明書を取得します。

> 例 100m²で不動産価格が1,000万円の場合、1m²単位は10万円

近傍宅地の価格が固定資産評価証明書に載っている場合

近傍宅地の1m²単価に100分の30（30%）を掛ける※

公衆用道路の場合、軽減措置が適用となり、近傍宅地の30%の金額となります。上記の例で1m²単価が10万円なので、公衆用道路の1m²単価は10万円 × 30% ＝ 3万円となります

公衆用道路の価格を計算する

公衆用道路の1m²単価 × 地積 × 持分割合

> 例 公衆用道路の1m²単価3万円、地積20m²、被相続人の持分5分の1の場合
>
> 3万円 × 20m² × 0.2（＝ 5分の1）＝12万円
> 公衆用道路の 課税価格 12万円

※ 法務局により軽減税率が異なる場合もあるため、管轄法務局に割合については確認しましょう。東京法務局管轄内においては、30%となります。

❸ 登録免許税の計算

相続登記の税率は、0.4％（1,000分の4）になります。

たとえば、課税価格が1,000万円だとしたら、登録免許税は0.4％の税率を掛けた4万円になります。

なお、計算した金額の100円未満については切り捨てます。また、計算した金額が1,000円に満たない場合は1,000円になります（最低額1,000円）。

> 例 課税価格が12万円の場合
> 12万円 × 0.4％ ＝ 480円
> 1,000円未満は一律1,000円のため、 登録免許税 1,000円（最低額1,000円）
>
> 例 課税価格が1,000万円の場合
> 1,000万円 × 0.4％ ＝ 4万円　 登録免許税 4万円
>
> 例 課税価格が2,521万円の場合
> 2,521万円 × 0.4％ ＝ 100,840円
> 100円未満は切り捨てのため、 登録免許税 10万800円

● 100万円以下の土地に関する登録免許税の免税措置

相続登記の推進のため、不動産の価額が100万円以下の土地の場合、登録免許税が免税されます（令和7年3月31日まで）。建物は対象外です。土地の持分の取得である場合は、当該不動産全体の価額に持分の割合を乗じて計算した額が100万円以下であれば、免税の対象となります。登録免許税の免税措置の適用を受けるためには、下記の通り、免税の根拠となる法令の条項を登記申請書の登録免許税のところに記載する必要があります。

「登録免許税　租税特別措置法第84条の2の3第2項により非課税」
※登録免許税が免税される場合は、課税価格の記載は不要です。

> 法務省HP：相続登記の登録免許税の免税措置について
> https://houmukyoku.moj.go.jp/homu/page7_000017.html

8-2 登記申請をするための書類の用意

1. 登記申請書を用意する

❶ 登記申請書のフォーマット

　登記申請書のフォーマットにはある程度の決まりがあるので、それに準じてつくっていきましょう。239頁以降の登記申請書例を参考に、パソコンではじめから作成してもかまいませんが、法務省のサイトから申請書をダウンロードできるので、利用すると便利です。

> 法務省HP：不動産登記の申請書等の様式について
> http://www.moj.go.jp/MINJI/MINJI79/minji79.html

❷ 登記申請書の作成時の注意点

	注意事項
①	登記申請書は、パソコンやワープロで作成し、プリンターから出力します。手書きでもかまいませんが、鉛筆書きは不可なので黒色インク、黒色ボールペンなど（摩擦などで消えてしまう、または見えなくなるものは不可）で書きます
②	申請書は「**横書き**」で書きます
③	用紙は「**A4サイズ**」で、紙質は登記申請書の保存期間である5年に耐えうる程度の紙質のものを使用することになっていますが、一般的な白色のコピー用紙でかまいません。ただし、1度使った裏紙は使用しないでください
④	登記申請書には、申請者である相続人（不動産を相続する相続人）の署名捺印または記名押印をします。印鑑は実印でなくても何でもかまいませんが、スタンプ式の「シャチハタ」などは避けます
⑤	登記申請書（「登録免許税納付用台紙」含む）が「**2枚以上にわたる場合は、契印**」をし、「**訂正がある場合には訂正印**」を押して「1字削除、2字加筆」などと記載する点は、遺産分割協議書のときと同じです

	注意事項
6	収入印紙を貼る用紙として「**"登録免許税納付用台紙"（244頁参照）を別で用意**」します
7	登記申請書の1枚目の最上部は、受付番号票の貼付欄としてスペースを空けておきます。法務局では、申請を受けつけた順に番号が振られ、その受付番号が書かれた「**受付番号票（通常はシールになっています）を登記申請書に貼りつけ**」ます

管轄が異なる不動産が複数ある場合

　不動産が各地にある場合、不動産の管轄が同じ法務局であれば1回の登記申請ですみます。一方管轄が異なると、それぞれの法務局で申請をしなければなりません。たとえば、不動産が東京都中央区と千葉県市川市にある場合、それぞれの管轄である東京法務局と千葉地方法務局市川支局に、相続登記の申請を別々に行います。登記申請書もそれぞれ作成する必要があるので、管轄がどこの法務局なのかも必ず確認しておきましょう。

❸ 記載しなければいけない事項 （239頁以降の登記申請書例参照）

　登記申請書に記載しなければいけない事項を、1つひとつお話ししていきます。各項目の先頭についている A から H までのアルファベットは、239頁以降のCASE別登記申請書例と対応しているので、確認しながら見ていきましょう。

≪ A 登記の目的

　不動産を所有している権利のことを法律上「**所有権**」といい、所有権という権利が相続によって相続人に移るので、「**所有権移転**」と記載します。

不動産が共有名義になっている場合は、被相続人の所有権の持分だけ移転しますが、「所有権移転」だと共有者全体の権利が移転してしまうことになるので、「**佐藤誠一持分全部移転**」のように、被相続人の持分だけの権利が移転するように明記する必要があります。

≪B 原因

所有権がどのような法律的原因によって移転するのかを記載します。相続だと、「**令和〇〇年〇〇月〇〇日相続**」（年月日は戸籍上の死亡日）と記載します。死亡日を書くのであって、遺産分割協議日や自筆証書遺言の検認日ではないので、注意してください。

≪C 相続人

被相続人の氏名をかっこ書きで記載し、次に不動産を相続する相続人の住所氏名を記載して末尾に押印します。住所は番地をハイフンで省略しないで、「**住民票上の正確な住所**」を記載します。

> 例 千葉県市川市〇〇 〇丁目〇番〇号

申請に不備がある場合、法務局から連絡があります。連絡先として、「**平日の日中に連絡を受けることができる電話番号**」を記載します

なお、次に該当する場合は、相続持分についても記載しましょう。

● **不動産の相続人が複数いる場合**

> それぞれの相続する持分についても記載します（詳細は242頁の登記申請書参照）

● **共有名義になっている不動産の被相続人持分を相続する場合**

> 相続する被相続人持分を記載します（詳細は239頁の登記申請書参照）

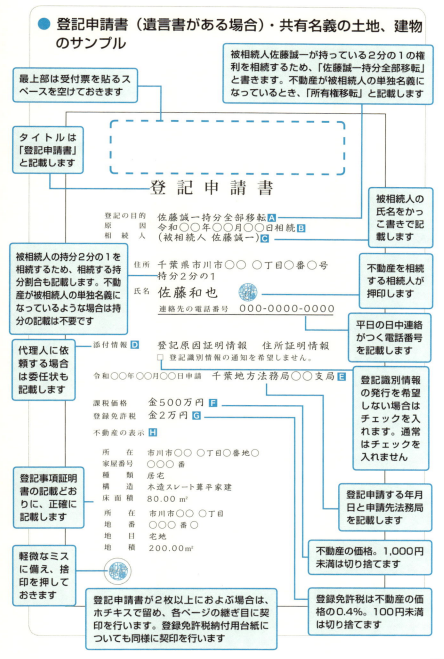

≪ D 添付情報

　添付する書類について記載します。添付する書類として記載するのは、通常、「**登記原因証明情報**」と「**住所証明情報**」の2点になります。

　登記実務上、相続関係説明図、被相続人の戸籍謄本（除籍謄本、改製原戸籍謄本）、住民票除票、相続人の戸籍謄本、遺産分割協議書（印鑑登録証明書つき）、遺言書などは、登記の原因となる事柄を証明する情報という意味で総称して、「**登記原因証明情報**」といいます。相続の場合は、相続を証明する情報として前述の書類が該当します。単に「**登記原因証明情報とだけ記載**」すればよく、個別の内訳は記載しなくてもかまいません。

　登記原因証明情報のほか、相続人の住所を証する書類として「**住所証明情報**」を記載します。

　「**固定資産評価証明書（または固定資産税納税通知書課税明細書）**」を添付する場合でも、登記申請書への記載は不要です。

　そのほか、代理人に登記の申請を依頼する場合は「**委任状**」が必要となるので記載します。

≪ E 申請年月日、申請先法務局

　登記を申請する年月日は、窓口に出す場合はその提出日を、郵送の場合は作成日を記入します。申請先の法務局は、不動産の所在を管轄する法務局となります。被相続人の住所地ではなく、相続する不動産の所在が基準となるのでご注意ください。

　管轄は、法務局のサイトから調べることが可能です。

> **法務省HP：管轄のご案内**
> http://houmukyoku.moj.go.jp/homu/static/kankatsu_index.html

　たとえば、不動産の所在が東京都中央区であれば、東京法務局が管轄となります。なお不動産が各地にある場合、同じ管轄の法務局であれば同時に手続きを進めることができます。管轄法務局が異なる場合は、それぞれの法務局で登記申請を行う必要があります。

> **例** 不動産が東京都中央区と千葉県市川市にある場合
> 東京法務局と千葉地方法務局市川支局にそれぞれ登記申請をします

≪ F 課税価格

登録免許税を計算するため、「**不動産の課税価格**」を記載します。計算のしかたについては231頁を参照してください。

≪ G 登録免許税

登録免許税は、課税価格の0.4%の税率となります。たとえば、課税価格が1,000万円であれば4万円という計算になります。計算のしかたについては235頁を参照してください。

≪ H 不動産の表示

登記事項証明書に記載されているとおりに、下記の項目を正確に記載します。マンションなど区分建物の記載のしかたは243頁を参照してください。

> **建物** 所在、家屋番号、種類、構造、床面積
> **土地** 所在、地番、地目、地積

❹ CASE別登記申請書サンプル

「遺言書がある相続」「法定相続で分ける相続」「遺産分割協議で決める相続」の3つのCASEについて、登記申請書の書き方を見ていきます。

≪「遺言書がある相続」のCASE

長男佐藤和也に相続させる旨の遺言書があり、相続する不動産は佐藤和也と被相続人が2分の1ずつの共有名義になっている建物1筆、土地1筆の場合（239頁参照）。

241

≪「法定相続で分ける」CASE

相続人が妻、子2人で、相続する不動産は被相続人単独名義の建物1個、土地1筆の場合。

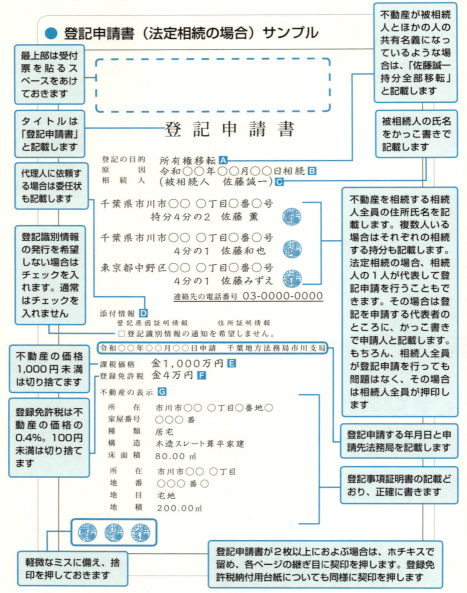

● 登記申請書（法定相続の場合）サンプル

≪「遺産分割協議で決める」CASE

相続人が妻、子2人の3人で遺産分割協議によって、被相続人の単独名義のマンションを長男佐藤和也が相続する場合。

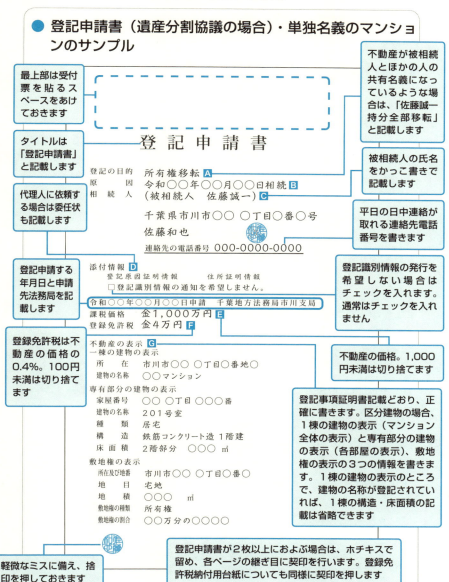

8-2 登記申請をするための書類の用意

2. 登録免許税納付用台紙を用意する

❶ 登録免許税は収入印紙で納める

　法務局の窓口で、現金で登録免許税を支払うことはできないので、「**収入印紙を購入して台紙に貼りつけておきます**」。登記申請書の余白に貼りつけてもかまいませんが、登記申請書に不備があって差し替える場合に支障があるので、別に台紙を用意しましょう。

　台紙は特に書式はないので、「**A4のコピー用紙**」でかまいません。台紙となる紙の真ん中あたりに収入印紙を貼ります。収入印紙には、消印や割印をしないでください。汚したり消印をしたりすると、無効になってしまいます。収入印紙は郵便局のほか、法務局内の印紙売場でも購入できます。収入印紙の額面の組みあわせは自由です。

　登記申請書と登録免許税納付用台紙は、ほかの添付書類と一緒にホチキスでとじ、登記申請書と登録免許税納付用台紙との継ぎ目に、登記申請書に押印した印鑑と同じ印鑑で契印をします。

● 登録免許税納付用の印紙の注意事項

> A 特に様式は問わないので、A4サイズのコピー用紙に収入印紙を貼りつけます
> B 収入印紙には消印、割印はしません
> C 収入印紙の組みあわせは自由
>
> 例 登録免許税が10万5,100円の場合
> ※ 次のどちらの組みあわせでもかまいません。
> ● 5万円の収入印紙2枚、5,000円の収入印紙1枚、100円の収入印紙1枚
> ● 5万円の収入印紙1枚、1万円の収入印紙5枚、5,000円の収入印紙1枚、100円の収入印紙1枚

8-2 登記申請をするための書類の用意

3. 戸籍謄本などの原本を返してもらう手続き

❶ 相続関係説明図を提出して戻る書類

≪被相続人と相続人の戸籍謄本一式を返してもらいたい場合

　集めた戸籍謄本（除籍謄本、改製原戸籍謄本）などの書類については、原則、原本提出ですが、希望すれば原本を返してもらうことができます。**「何も手続きをしなければ原本は返ってこない」**ので、原本を返してほしい場合は必ず原本還付の手続きをしましょう。

　特に、被相続人の出生から死亡までのすべての戸籍謄本（除籍謄本、改製原戸籍謄本）一式は、何通も集めるのは費用がかかります。できることなら各1通を取得して、いろいろな手続きに使い回したいものです。

　戸籍謄本などの書類については、**「相続関係説明図を作成し提出した場合にかぎり、登記の調査が終了した後に原本が戻ってきます」**。相続関係説明図を提出することで、原本が戻ってくる書類は、次の2つになります。なお、「法定相続情報証明」制度（163頁参照）の利用もあわせて検討してください。

● 相続関係説明図を提出すれば戻ってくる書類

> A 被相続人の出生から死亡までのすべての戸籍謄本（除籍謄本、改製原戸籍謄本）一式
> B 相続人の戸籍謄本

❷ 相続関係説明図の作成

　相続関係説明図には、被相続人の本籍、最後の住所、登記上の住所のほか、相続関係がわかるような図を書きます。具体的な書き方については、次頁以降の3つの相続CASEの相続関係説明図を参照してください。

● 相続関係説明図（遺言書がある場合）サンプル

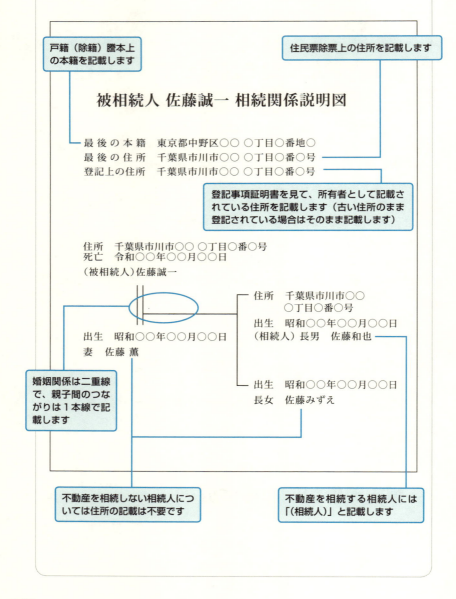

● 相続関係説明図（法定相続の場合）サンプル

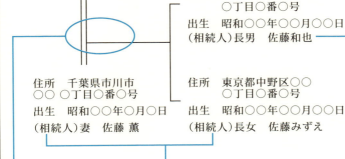

● 相続関係説明図（遺産分割協議の場合）サンプル

戸籍（除籍）謄本上の本籍を記載します

住民票除票上の住所を記載します

被相続人 佐藤誠一 相続関係説明図

最後の本籍　東京都中野区○○ ○丁目○番地○
最後の住所　千葉県市川市○○ ○丁目○番○号
登記上の住所　千葉県市川市○○ ○丁目○番○号

登記事項証明書を見て、所有者として記載されている住所を記載します（古い住所のまま登記されている場合はそのまま記載します）

住所　千葉県市川市○○ ○丁目○番○号
死亡　令和○○年○○月○○日
（被相続人）佐藤誠一

住所　千葉県市川市○○
　　　○丁目○番○号
出生　昭和○○年○○月○○日
（相続人）長男　佐藤和也

不動産を相続する相続人には「（相続人）」と記載します

住所
千葉県市川市
○○ ○丁目○番○号
出生　昭和○○年○月○○日
（分割）妻　佐藤 薫

住所　東京都中野区○○
　　　○丁目○
出生　昭和○○年○○月○○日
（分割）長女　佐藤みずえ

婚姻関係は二重線で、親子間のつながりは1本の線で記載します

不動産を相続しない相続人には「（分割）」と記載します

❸ 原本還付手続きで戻る書類

≪そのほかの書類を返してもらいたい場合

　原本を返してもらうことを「**原本還付**」といいます。原本を返してほしい場合は、コピーをつけ、余白に「**上記は原本と相違ありません**」と記載して署名捺印します。「**印鑑は登記申請書に押した印鑑と同じ印鑑**」を使用してください。

　コピーが何枚にもおよぶ場合は、2枚目以降については契印することで、「上記は原本に相違ありません」という記載と署名捺印を省くことができます。

　コピーは、登記申請書や登録免許税納付用台紙と一緒にホチキスでとじます（とじ方、とじる順番は次頁以降参照）。

　原本還付できる書類は、次の6つになります。

● 原本還付できる書類

- A 遺産分割協議書
- B 相続人の印鑑登録証明書
- C 遺言書
- D 被相続人の住民票除票
- E 相続人の住民票
- F 固定資産評価証明書
  （または固定資産税納税通知書課税明細書）

● 原本を返してもらいたい書類のコピーのとじ方

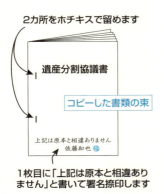
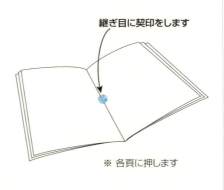

8-2 登記申請をするための書類の用意

4. 登記申請書類のとじ方

❶ 書類のとじ方・並べる順番

　登記申請書、相続関係説明図など必要書類の作成が終わったら、次に、書類を順番にとじていきましょう。順番どおりに並べていなかったからといって登記が通らないわけではありませんが、法務局が審査しやすいように上から次の順番でとじていきます。

> ❶ 登記申請書 ⇒ ❷ 登録免許税納付用台紙 ⇒ ❸ 相続関係説明図
> ❹ 原本還付する添付書類のコピー（原本還付しない場合は原本）

　代理人に依頼する場合は委任状が最後になります。これらの書類をまとめ、「**左側2カ所をホチキスでとじます（左とじ）**」。「**袋とじにはしないで、ホチキスでとじるだけ**」にします。各相続CASEによって必要書類が違うので、詳細は次頁以降を参照してください。

　法務局から補正の連絡が来た場合に手元に資料があったほうがわかりやすいので、登記申請書類は一式すべてコピーを取っておきましょう。

≪原本を返してもらわなくてもいい場合

　添付書類の原本を提出しても差し支えなければ、原本を登記申請書などと一緒にとじます。

≪原本を返してもらいたい場合

　戸籍謄本（除籍謄本、改製原戸籍謄本）以外の書類の原本の還付を希望する場合は、コピーを登記申請書などと一緒にとじます。そして、「**返却してもらう原本については、登記申請書などとは別に分けてとじておきます**」。コピーを提出すれば原本を提出しなくてもいいということではないので、注意しましょう。

❷ 遺言書がある場合の書類の順番

1	登記申請書
2	登録免許税納付用台紙　※ 登記申請書と契印する
3	相続関係説明図[※1]
4	遺言書（自筆証書遺言の場合は検認済みのもの）　コピー[※2]
5	亡くなった人の住民票除票（戸籍の除附票）　コピーまたは原本
6	不動産を相続する相続人の住民票（戸籍の附票）　コピーまたは原本
7	固定資産評価証明書（または固定資産税納税通知書課税明細書）コピーまたは原本
8	委任状（代理人に依頼する場合のみ）

※1　亡くなった人の死亡の記載がある戸籍謄本（除籍謄本）、不動産を相続する相続人の戸籍謄本については、相続関係説明図を提出しているため、コピーをつけなくても原本は戻ってきます。
※2　遺言書はほかでも使用することが多いため、原本還付の手続きを取ります。

❸ 法定相続の場合の書類の順番

1	登記申請書
2	登録免許税納付用台紙　※ 登記申請書と契印する
3	相続関係説明図[※1]
4	亡くなった人の住民票除票（戸籍の除附票）　コピーまたは原本
5	相続人の住民票（戸籍の附票）　コピーまたは原本
6	固定資産評価証明書（または固定資産税納税通知書課税明細書）コピーまたは原本
7	委任状（代理人に依頼する場合のみ）

※1　亡くなった人の出生から死亡までの戸籍謄本（除籍謄本、改製原戸籍謄本）一式、相続人全員の戸籍謄本については、相続関係説明図を提出しているため、コピーをつけなくても原本は戻ってきます。

戸籍謄本（除籍謄本、改製原戸籍謄本）と原本還付する場合の原本は、別に分けておきます。

❹ 遺産分割協議の場合の書類の順番

1	登記申請書
2	登録免許税納付用台紙　※ 登記申請書と契印する
3	相続関係説明図[※1]
4	遺産分割協議書　コピーまたは原本
5	相続人全員の印鑑登録証明書　コピーまたは原本
6	亡くなった人の住民票除票（戸籍の除附票）　コピーまたは原本
7	不動産を相続する相続人の住民票（戸籍の附票）　コピーまたは原本
8	固定資産評価証明書（または固定資産税納税通知書課税明細書）コピーまたは原本
9	委任状（代理人に依頼する場合のみ）

※1　亡くなった人の出生から死亡までの戸籍謄本（除籍謄本、改製原戸籍謄本）一式、相続人全員の戸籍謄本については、相続関係説明図を提出しているため、コピーをつけなくても原本は戻ってきます。

● 原本を返してもらいたいときの登記申請書のとじ方

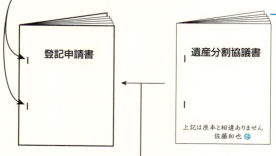

・遺産分割協議書のコピー
・相続人全員の印鑑登録証明書のコピー
・亡くなった人の住民票除票のコピー
・相続人の住民票のコピー
・固定資産評価証明書（または固定資産税納税通知書課税明細書）のコピー

※　遺言書がある場合、法定相続の場合は、それぞれ該当する書類のコピーをセットしてください。

● 原本を返してもらいたいときの登記申請書に原本をつける

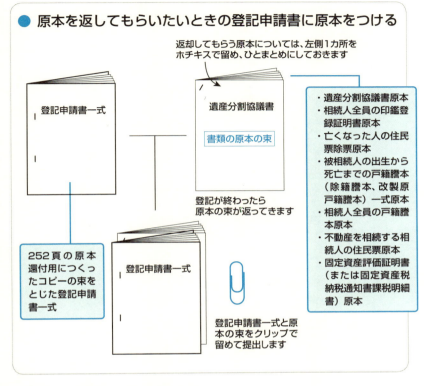

≪提出前の最終チェック項目

- A 登記申請書、相続関係説明図に誤字脱字はないか、戸籍謄本や住民票どおり正確に記載されているか
- B 登録免許税の計算はあっているか
- C 登記申請書に申請人の署名捺印または記名押印をしてあるか
- D 登録免許税納付用台紙に収入印紙は貼ってあるか
- E 登記申請書と登録免許税納付用台紙には、登記申請書に押した印鑑と同じ印鑑で契印してあるか
- F 登記申請書、登録免許税納付用台紙、相続関係説明図、添付書類コピー（または原本）は左側2カ所をホチキスでとじてあるか
- G 原本還付する添付書類のコピーに「上記は原本に相違ありません」と記載し、署名捺印してあるか。2枚目以降には契印をしてあるか

253

● 委任状のサンプル

委 任 状

私は、東京都中央区○○ ○丁目○番○号　木村太一 に（代理人の住所氏名を書く）
次の権限を委任します。

（委任内容）
1　下記の登記に関し、登記申請書を作成することおよび当該登記の申請に必要な書面とともに登記申請書を管轄登記所に提出すること
2　登記が完了したあとに通知される登記識別情報通知書および登記完了証を受領すること
3　登記の申請に不備がある場合に、当該登記の申請を取下げ、または補正すること
4　登記に係る登録免許税の還付金を受領すること
5　上記1から4までのほか、下記の登記の申請に関し、必要な一切の権限

令和○○年○○月○○日

　　　　　　　　　　千葉県市川市○○ ○丁目○番○号

　　　　　　　　　　　　佐藤 和也 （登記を申請する相続人の署名捺印）

記

（委任する登記の内容を記載する）
登記の目的　　所有権移転
原　　　因　　平成○○年○○月○○日相続
相　続　人　　（被相続人　佐藤誠一）
　　　　　　　千葉県市川市○○ ○丁目○番○号　佐藤和也

不動産の表示
所　　　在　　市川市○○ ○丁目
地　　　番　　○○○番○
地　　　目　　宅地
地　　　積　　200.00㎡

8-3 登記申請・却下・取下げの手順

1. 登記申請から完了までの流れと却下と取下げ

❶ 登記申請から完了までの手順を押さえよう

　書類をとじ終え、申請書類一式が用意できたら、いよいよ相続登記の申請です。相続登記は申請書を出したその場で審査がされるわけではありません。申請書を法務局に提出すると、まず受付がされ、「**受付年月日・受付番号**」が発行されます。その後、「**法務局で約1週間から10日間ほどの審査期間を設け、問題なければ登記は無事完了**」です。

　登記を申請してから完了するまでの主な流れは次頁の図のようになります。

≪登記の「却下」と「取下げ」の違い

　「**"却下"とは、法務局の登記官が登記の申請を認めないこと**」をいいます。登記官は申請書を受け取ったら、遅滞なく申請に関するすべての事項を審査します。申請内容を精査した結果、一定の不備があれば申請人に「**補正（訂正すること）**」を命じます。申請人が不備の補正をしない場合や補正をすることができないほどの不備がある場合は、登記官はその申請を却下しなければなりません。

　一方、「**"取下げ"は、申請人が自ら申請を撤回すること**」をいいます。登記が完了するまで、または却下が決定する前までは、申請人はいつでも登記の取下げをすることができます。申請を取下げると、申請がされなかったことになるので、申請書も添付書類もすべて申請人に返却されます。

　また、取下げる場合は「**取下書**」を提出しなければいけません。補正の範囲で対応できないほどの不備であれば、いったん取下げて「**再申請**」をするほうが早いこともあります。納めた登録免許税分の収入印紙は「**再使用証明**」を法務局から受けると、再使用することができます。

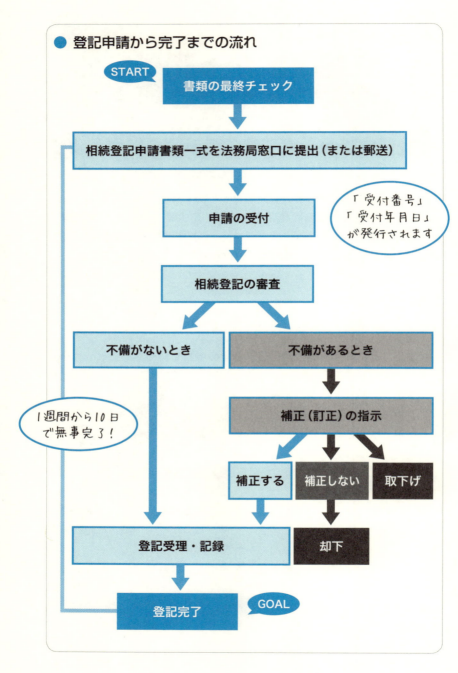

● 取下書のサンプル

取　下　書

1. 不動産の表示

　　所　　在　　市川市○○　○丁目○番地○
　　家屋番号　　○○○番
　　種　　類　　居宅
　　構　　造　　木造スレート葺平家建
　　床 面 積　　80.00㎡

　　所　　在　　市川市○○　○丁目
　　地　　番　　○○○番○
　　地　　目　　宅地
　　地　　積　　200.00㎡

1. 受付年月日及び受付番号
　　令和○○年○○月○○日受付第○○○○号 ── 申請したときの受付年月日・受付番号を記載します

1. 登記の目的
　　所有権移転

1. 取下げの事由
　　書類不備のため ── 取下げ理由を明確に記載します

1. 登録免許税

　　金　○○○円 ── 登録免許税額を記載します

以上のとおり取下げいたします。

令和○○年○○月○○日

　　　　　　　申請人
　　　　　　　千葉県市川市○○　○丁目○番○号
　　　　　　　　佐藤和也　 ── 申請書に押印した印鑑を押印します

千葉地方法務局○○支局　　御中

257

❷ 登記申請書類の申請方法

● 登記申請はいつまでにする？
「相続登記の申請は"しなければならない期間"が決まっていません」。しかし、期限がないからといってそのまま放置していると、売却のときなどいずれ苦労することになります。書類の用意ができた段階で速やかに進めましょう。

● 登記申請はどこにする？
相続登記は、「**不動産の所在地を管轄する法務局**」に申請します。被相続人の住所地ではないので、注意しましょう（なかには一致している場合もあります）。

法務局のサイトで、法務局の管轄、場所、連絡先がわかります。申請をする法務局を間違えると、却下や取下げの対象になってしまうので、くれぐれも注意してください。

> **法務局HP：管轄のご案内**
> http://houmukyoku.moj.go.jp/homu/static/kankatsu_index.html

法務局の業務取扱時間は、「**平日の午前8時30分から午後5時15分まで**」となります。登記の申請は、その時間内にしなければ受付されません。「**昼休みにあたる午後0時15分から午後1時の間は、一部の業務をしていない法務局もあるので避けたほうが無難**」です。土日、祝祭日、年末年始期間（一般的に12月29日～1月3日）は法務局が休みになります。

不動産が各地にあり、「**相続登記をする法務局の管轄が異なる場合は、それぞれの法務局で相続登記をする**」ことになります。たとえば、東京都中央区と千葉県市川市に不動産がある場合、東京都中央区の不動産の管轄は東京法務局、千葉県市川市の不動産の管轄は千葉地方法務局市川支局となります。市川市の不動産を東京法務局で相続登記することはできません。各地の不動産ごとに相続登記を申請し、終わったら次の不動産というように、順番に登記していきます。

● 登記の申請の方法には「持ち込み」と「郵送」がある

　登記申請は、申請人当事者またはその代理人が法務局の窓口に出向いて申請書を提出する（持ち込み）か、郵送でもかまいません。

　郵送の場合は、登記申請書などが法務局に届いてから受付されるため、窓口での申請よりは少し登記の完了が遅れます。郵送の場合は時間がかかるだけでなく、紛失などの郵送事故の可能性もあるので、「**安心・安全なのは断然、窓口での申請**」です。

　窓口の申請なら、あらかじめ相談窓口でわからないことを質問できます（要予約）。法務局が遠方であったり、どうしても平日に時間が取れないといった事情がないかぎり、できるだけ法務局の窓口に出向いて申請をしましょう。

● 登記の申請方法とメリット・デメリット

申請方法	メリット	デメリット
窓口 （持ち込み）	・事前に相談窓口で質問できる（要予約） ・書類を確実に提出できる（郵送事故がない） ・窓口に提出した日に受付されるので登記完了が早い	・平日の法務局が開いている時間に行かないといけない
郵送	・遠方の法務局にも申請可能 ・平日忙しい人でも申請可能	・窓口での相談ができない ・郵送事故の可能性がある ・登記完了までの時間がかかる ・書留郵便費用がかかる

郵送の場合は、切手を貼った返信用封筒を同封するのを忘れないようにしましょう。

COLUMN

法務局って？？

　法務局は、法務省所轄の機関のひとつで、登記、戸籍、国籍、供託、公証、司法書士および土地家屋調査士、人権擁護、法律支援、国の争訟の事務を処理します。

　全国8カ所のブロックごとに「**札幌**」「**仙台**」「**東京**」「**名古屋**」「**大阪**」「**広島**」「**高松**」「**福岡**」の法務局が置かれ、そのほかの県庁所在地などには地方法務局（全国42カ所）が置かれています。たとえば、東京法務局の管内に千葉地方法務局や横浜地方法務局などが置かれ、さらにその下に支局、出張所が置かれています。

　登記を扱う機関であることから、一般的に「**登記所**」と呼ばれています。

オンラインによる申請方法

　窓口や郵送での申請方法のほかに、「**オンラインで登記の申請をすることも可能**」です。ただし、オンラインで申請する場合は、各種ソフトのダウンロードや電子署名できる環境にあることが必要です。立て続けに何度も相続登記をするようなことがないかぎり、機器を取りそろえることや準備期間を考えると、「**窓口や郵送での申請のほうが早くて簡単**」です。

　オンラインでの手続きに非常に慣れている人、環境が整っている人はチャレンジしてみてもいいかもしれません。どのような準備が必要か、手続きの流れなどについては法務省のサイトを参考にしてください。

　法務省HP：不動産登記の電子申請（オンライン申請）について
　http://www.moj.go.jp/MINJI/minji72.html

8-3 登記申請・却下・取下げの手順

2. 登記申請書の提出

❶ 窓口に申請書類一式を持ち込む場合

　書類の最終チェックをしたら、登記を申請する管轄の法務局へ申請書類一式を持っていきましょう。持っていくものは、「**登記申請書類一式と申請書に押した印鑑**」です。申請書に押した印鑑は、事前チェックや窓口で相談して不備があった場合に、その場で訂正するために持っていきます。「**登録免許税分の収入印紙を法務局で購入する場合は、収入印紙購入代金も用意しておきます**」。

　法務局の申請窓口のうち、相続登記は、「**"不動産登記"と記載された窓口に提出**」します。

　登記の受付が終わったら、「**受付番号が発行されるので、手帳やスマートフォンなどに控えておく**」ようにします。今後、法務局に問いあわせをするときは、この受付番号が必要となります。

　また、「**登記完了予定日（補正日と書いてある場合もあります）がいつか、申請窓口の机の上の案内板で確認をしておきます**」。案内板が見あたらなければ、窓口の人に確認しておきましょう。

≪法務局の相談窓口を利用しよう

　各法務局には、申請窓口とは別に「**相談窓口**」があります。登記申請について不明点や質問など、その場で相談することができます。自分でやれるところまでやっておいて、これであっているのか不安だったり、どうしてもわからないことがあったりする場合は、相談窓口を活用してクリアにしましょう。法務局によっては、申請書などの各書類のひな形を提供してくれるところもあるので、問いあわせてみましょう。

　予約制のところが多く相談時間は各法務局で決まっているので、あらかじめ確認しておきましょう。11時30分～13時30分の任意の時間帯が昼休みになっている法務局が多いので、昼休みの時間帯は避けたほうが無難です。

❷ 郵送で申請書類一式を送る場合

郵送する場合は、申請書などを入れた「**封筒の表面に"不動産登記申請書在中"と赤字で記載のうえ、"書留郵便"(簡易書留、レターパックプラスも可)で送付**」します。

郵送の場合、法務局の窓口で事前にチェックしてもらうことができないので、くれぐれもミスがないように念入りに確認しましょう。

「**郵送の場合の登記完了日の確認方法は、各法務局のサイトに登記完了予定日が掲載されている場合が多い**」ので確認してみてください。サイトに掲載されていない場合は、直接法務局に電話して登記完了予定日を聞くようにします。

> 例 東京法務局HP：完了予定日
> http://houmukyoku.moj.go.jp/tokyo/category_00019.html

登記完了後の書類の受け取りに関しては、268頁を参照してください。

❸ 登記申請の受付後の流れ

登記の受付が終わったからといって、それで安心というわけではありません。その後、登記官によって提出した書類の審査が行われ、不備があれば補正の指示が来ます。「**登記完了予定日までに補正の連絡が来なければ、無事登記が完了したということ**」になります。

登記はおおむね1週間から10日ほどで完了しますが、管轄法務局が処理している登記件数や申請時期によって完了期間の差が出ます。3～5月にかけては不動産の登記の申請件数が多く、完了日が通常より遅くなる傾向にあります。

なお、「**登記が完了したとしても、完了の連絡をしない法務局が多いので、自分で登記完了予定日を把握しておく**」ようにしましょう。「**登記完了予定日までに法務局から連絡がなければ、無事登記が完了した**」ということになります。

❹ 補正がある場合の対処のしかた

　申請書や提出書類に不備があれば、登記官が期間を設けて補正の指示を出します。申請書に記載している連絡先に電話で補正の連絡が入ります。**「一部の法務局では、補正の有無を申請人から問いあわせないかぎり連絡すらない場合もある」**ので、申請をするときに窓口で確認しましょう。

　補正は、単純な誤字脱字程度なら、あらかじめ押していた捨印で訂正ができますが、不備が多い場合は書類を再作成して差し替えたほうが早いこともあります。**「窓口に補正に行く場合は、念のため申請に使用した印鑑を持っていきましょう」**。どこをどのように直したらいいかは、登記官の指示にしたがいます。

≪自分以外の相続人から署名捺印をもらう必要がある書類には細心の注意をはらう

　遺産分割協議による相続パターンで、**「遺産分割協議書に不備があった場合、あらかじめ相続人全員に捨印をもらっておけば、簡易なミスならその場で訂正することも可能」**です。捨印がない場合や、不備が重大なものである場合には、再度遺産分割協議書を作成して相続人全員の実印による署名捺印をもらう必要があります。このように自分以外の相続人から署名捺印をもらう必要がある書類については、不備があると大変なので、特に念入りに事前チェックをしておきます。

≪添付書類の不備は再申請になることも

　戸籍謄本などの添付書類については、不足している書類があって、郵送で取り寄せるなど時間がかかるときは、いったん申請を取下げて再申請するように指示されることがあります。

　補正で多いのは、印鑑の不備（押し忘れや薄い、欠けているなど）、添付書類の不足（被相続人の出生までの戸籍謄本などが集まっていない）です。いずれも事前の最終チェックの際に見落としていることが原因ですから、**「申請前に念入りに見直しをする」**ように心がけましょう。

8-4 登記完了後にやること

1. 登記が完了したら書類を受け取ろう

❶ 登記完了後の書類の受け取り

　「登記完了日以後に、原則、法務局の窓口に完了書類一式を取りに行きます」。「**郵送での受け取りも可能**」です。ただし、郵送だと紛失などの郵便事故の可能性があるので、あまりお勧めしません。特に登記完了後に発行される、所有者である証となる「**登記識別情報通知（268頁参照）**」は非常に大事な書類です。万が一のことがあっては大変なので、窓口に受け取りに行ったほうが安心・安全です。

❷ 窓口に完了書類一式を取りに行く場合

　登記を申請する際に、「**登記申請書と一緒に"登記識別情報受領届出書"を提出しておく**」必要があります。法務局によって取り扱いが異なるので（提出を求めていない法務局もあります）、申請のときに窓口で確認しましょう。
　登記を申請したら安心してしまって、完了書類を受け取りに行くのを忘れていた、なんてことがないように気をつけてください。

❸ 郵送で完了書類一式を受け取る場合

　郵送での受け取りを希望する場合は、「**登記申請書にその旨記載し、返信用の封筒を登記申請書類一式に添付**」します。登記申請書への記載方法は、不動産の表示を記載する上の場所に、郵送により返却してほしい旨を書きます。具体的には、266頁のように書きます。
　返信用封筒には、「**"本人限定受取郵便"で送る分の郵便切手を貼り、自分の住所・氏名を宛名に記載しておきます**」。登記完了後の書類は、所有者である証となる「登記識別情報通知」という大事な書類が発行される

ため、通常の書留郵便ではなく、本人限定受取郵便で送られてきます。
　本人限定受取郵便とは、名宛人本人にかぎり受け取ることができる郵便方法で、受け取り時に本人確認書類を提示する必要があります。詳細は日本郵便のサイトで確認してください。

日本郵便HP：本人限定受取
http://www.post.japanpost.jp/service/fuka_service/honnin/

　なお、登記識別情報通知は申請人ごとに発行され送付されることになるため、「**申請者が複数の場合はそれぞれの返信用封筒を用意**」しておきましょう。

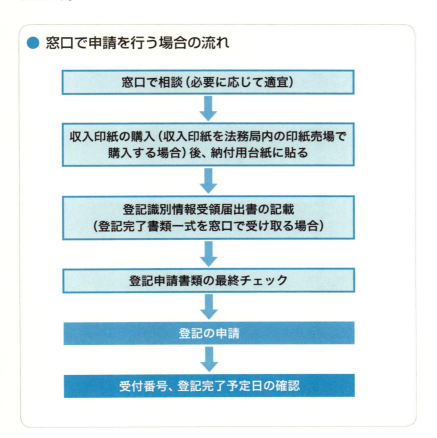

● 登記識別情報通知を郵送で受け取る場合の
登記申請書の注意書きの書き方サンプル

登 記 申 請 書

登記の目的　佐藤誠一持分全部移転
原　　因　令和○○年○○月○○日相続
相 続 人　（被相続人 佐藤誠一）

課税価格　金500万円
登録免許税　金2万円

送付の方法により登記識別情報通知書および登記完了証の交付、原本還付書類の返還を希望します。

送付先の区分　申請人の住所
不動産の表示

所　　在　市川市○○ ○丁目○番地○
家屋番号　○○○番○○
種　　類　居宅
構　　造　木造スレート葺平家建
床 面 積　80.00 m²

> 完了書類を郵送で受け取る場合は、申請書にその旨を書いておきます

まとめ

- 登記申請書類一式を不動産の所在地を管轄する法務局に出す
- 不備があれば補正をしなければならない
- 登記の申請は窓口に出すほか、郵送やオンラインでもできる
- 登記が完了するまでおおむね1週間から10日ほどかかる

● 登記識別情報通知の受領について

> 原則、本人が窓口に出向いて受け取るようにします。本人確認書類と申請書に押した印鑑を持参します

> 代理人が受け取ることも可能ですが、受領に関する委任が必要です

登記識別情報通知書の受領について（個人申請用）

1. 登記識別情報通知書を申請人本人が受領する場合
   登記識別情報通知書を受領に来る方は、職員が本人確認の上、登記識別情報通知書を交付しますので、以下の物をご持参願います。
   ① 身分証明書（運転免許証、パスポート、写真入りの住基カード等）
   ② 受領印（申請書に押印した印鑑と同じもの）

2. 登記識別情報通知書の受領に関して特別の委任を受けた代理人が受領する場合
   委任を受けて登記識別情報通知書を受領に来る方は、職員が本人確認の上、登記識別情報通知書を交付しますので、以下の物をご持参願います。
   ① 委任状（下記例のとおり、ただし、登記申請書に登記識別情報通知書の受領権限を含む委任状を添付している場合には不要です）
   ② 身分証明書（運転免許証、パスポート、写真入りの住基カード等）
   ③ 受領印

-------------------- きりとり --------------------

> 代理人が受け取る場合には委任状に必要項目を記載します

委　任　状

住　所 ＿＿＿＿＿＿＿＿＿＿＿＿＿＿＿＿＿＿＿＿＿＿＿＿＿

氏　名 ＿＿＿＿＿＿＿＿＿＿＿＿＿＿＿＿＿＿＿＿＿＿＿＿＿

私は、上記の者に次の登記識別情報通知書の受領に関する一切の件を委任します。
① ○○法務局○○出張所　　令和　年　月　日受付第　　　号
② 登記の目的　　　所有権移転・その他（　　　　　）
③ 不動産の表示又は不動産番号

　　市川市　　　丁目　　　　　番　　　　の土地・建物
　　同所　　　　　　　　　　　番　　　　の土地・建物
　　同所　　　　　　　　　　　番　　　　の土地・建物
　　同所　　　　　　　　　　　番　　　　の土地・建物

令和　年　月　日
　（委任者）
　　　住　所 ＿＿＿＿＿＿＿＿＿＿＿＿＿＿＿＿＿＿＿＿　　　　　　　印
　　　氏　名 ＿＿＿＿＿＿＿＿＿＿＿＿＿＿＿＿＿＿＿＿
　　　　　　（※会社の場合は、本店・商号・代表者資格・氏名）

※ 受任者の住所は、身分証明書の住所と同じように記載してください。
※ ①又は②のいずれかで登記申請を特定してください。
※ 委任者の印鑑は、登記申請書又は登記申請書に添付した委任状に押印した印鑑と同じ印鑑を鮮明に押印してください。

8-4 登記完了後にやること

2. 戻ってきた書類の確認

❶ 交付された書類、戻ってきた書類の確認

　登記が完了したあとに、法務局の窓口で受け取ったり郵送で返却されてきた書類を確認します。

● 登記完了後に受け取る書類

> **A** 登記識別情報通知
> **B** 登記完了証
> **C** 原本還付書類（戸籍謄本、遺産分割協議書などの書類の原本還付を希望した場合）

❷ A 登記識別情報通知

　「登記識別情報」とは、従来の権利証に代えて、新たに登記名義人になった者に対して発行されるアラビア数字そのほかの符号の組みあわせからなる「**12桁の符号**」です。暗証番号のようなものと思ってください。売却するなど何か登記を申請するときには、この12桁の英数字を法務局に提供することで、法務局は所有者であるという本人確認を行います。
　「**登記識別情報は、不動産1筆につき1通、各所有者に発行**」されます。複数の相続人が不動産を相続した場合は、相続人ごと、不動産ごとに発行されます。
　「**"登記識別情報通知" は、この12桁の英数字が記載されている所有者である証となる大事な書類**」です。12桁の英数字を他人に見られたり、盗まれたりすると虚偽の登記をされてしまう危険があります。また、「**紛失しても再発行されない**」ので、大切に保管してください。
　一般的に貸金庫や自宅金庫に保管する人が多いようです。ほかの書類

と一緒に棚にしまっておくと、誤って廃棄してしまう可能性があるので、金庫がない場合は特に保管場所に注意しましょう。

　登記識別情報通知の下部は折込み式になっていて、その中に12桁の英数字が記載されています。剥がして中を見たい気持ちもわかりますが、1度剥がしてしまうともとに戻すことはできないので、ほかの人の目に触れてしまう危険性があります。「**次に登記を申請するときまで剥がさず、受け取ったままの状態で保管**」しておきましょう。なお先ほど登記識別情報は暗証番号のようなものとお話ししましたが、所有者として保管しておくうえで12桁の英数字を知らなくても何ら支障はありません。

● 登記識別情報通知サンプル

❸ 登記識別情報通知に記載されている内容の確認

手元に登記識別情報通知が来たら、まず、内容に間違いがないかを確認しましょう。

> **A** 不動産の所在はあっているか
> **B** 住所、氏名に誤字脱字はないか
> **C** 不動産ごと、名義人である相続人ごとに発行されているか（通数の確認）

❹ もし登記識別情報通知を紛失したら

「**登記識別情報通知を紛失してしまっても、所有者であるという事実に影響はありません**」。ただ、他人に不正に利用される危険性があるので、不正利用を防ぐためにも、「**登記識別情報通知の効力を失効させる手続きを法務局で速やかに取りましょう**」。

なお、売却するなど次に登記を申請するときには、登記識別情報通知がなくても手続きは可能ですが、司法書士に所有者である本人確認情報を作成してもらったり、法務局で事前通知という制度を利用したりと、いくらかの費用や時間がかかることになります。やはり大切な書類なので、厳重に大切に保管するよう努めてください。

❺ 登記識別情報通知を保管するのが不安な場合

登記識別情報通知を厳重に管理してくださいとお話ししましたが、そのような大事な書類を保管するのが心配な場合は、はじめから登記識別情報を発行しないという選択も可能です。「**相続登記を申請する際に申請書にその旨記載をすれば、登記が完了しても登記識別情報通知は発行されません**」。

ただし、手元に所有者である証となる書類がないわけですから、次に登記を申請するときには、前述のように、司法書士に所有者である本人確認情報を作成してもらったり、法務局で事前通知という制度を利用したりと、いくらかの費用や時間がかかることになります。

❻ 登記完了証

　登記が完了したという通知書を「**登記完了証**」といいます。登記完了証は単なる通知なので、登記識別情報通知のように大切な書類ということではありません。また、登記完了証は、ひとつの申請につき1通発行されます。「**複数の相続人が所有者となっていても、各相続人に発行されるものではなく、1通しか発行されません**」。

● 登記完了証のサンプル

❼ 登記事項証明書を取って、登記内容に間違いがないか確認

　相続登記がされたことを確認するために、登記事項証明書を取得します。登記事項証明書の取得は必ず必要な手続きということではありません。しかし、「**相続登記が間違いなく登記されているかどうかは、登記事項証明書を取って、実際に見てみないとわかりません**」。めったにありませんが、住所や氏名に誤記があることもあります。

　窓口で完了書類一式を受け取った後、せっかくですから窓口で登記事項証明書を取得してみましょう。窓口に完了書類一式を取りに行かず、郵送で返却してもらった場合は、登記事項証明書を郵送またはオンラインによる方法で取得してください。登記事項証明書の取得のしかたは、86頁を参照してください。

●登記事項証明書の確認事項

- A 相続の年月日はあっているか
- B 住所、氏名に誤字脱字はないか
- C 持分を取得した場合は、持分に誤りがないか
- D 登記識別情報通知に記載されている受付年月日・受付番号と相違ないか

≪もし、登記されている内容に誤記があったら

　登記事項証明書に記載されている内容に誤りがあった場合、考えられるのは「自分が申請した内容は間違っていなかったが法務局がミスをした場合」と「自分が申請した内容がそもそも間違っていた場合」とがあります。ミスをしたのが法務局なのかあなた自身なのかによってやるべき手続きが変わってきます。どちらに該当するか、まずは法務局に提出した登記申請書のコピーを確認してください。

　前者の場合、たとえば登記申請書の所有者となる相続人の氏名の欄に、確かに「佐藤和也」と記載したのに、登記事項証明書では「佐藤一也」となっているのであれば、法務局側のミスなので法務局に修正してもらうように依頼します。管轄法務局へ電話するか窓口に出向くかして、「**登記**

● 登記事項証明書（登記完了後）サンプル

```
千葉県市川市○○○丁目○○○○ -○                    全部事項証明書  （土地）
┌─────────────────────────────────────────────────────────────┐
│ 表 題 部（土地の表示）  調製  平成○○年○○月○○日  不動産番号 │○○○○○○○○○○○○│
├──────────┬──────────┬──────────────────────────────────────┤
│ 地図番号 │ 余 白 │ 筆界特定 │ 余 白 │                        │
├──────────┼──────────────────────────────────────────────────┤
│ 所   在 │ 市川市○○○丁目                    │ 余 白          │
├──────────┼──────────┬──────────┬────────┬─────────────────────┤
│ ①地 番 │ ②地 目 │ ③地 積 m² │        │ 原因及びその日付〔登記の日付〕│
├──────────┼──────────┼──────────┼────────┼─────────────────────┤
│1111番6  │ 山林    │ ⑪     ○○ │        │ 本番○○から分筆     │
│          │          │            │        │〔昭和○○年○○月○○日〕│
├──────────┼──────────┼──────────┼────────┼─────────────────────┤
│ 余 白   │ 宅地    │ ⑪     ○○ │        │ ②③昭和○○年○○月○○日地目変更│
│          │          │            │        │〔昭和○○年○○月○○日〕│
├──────────┼──────────┼──────────┼────────┼─────────────────────┤
│ 余 白   │ 余 白  │ ⑪   ○○○ │        │ ③本番○○、○○を合筆 │
│          │          │            │        │〔昭和○○年○○月○○日〕│
├──────────┼──────────┼──────────┼────────┼─────────────────────┤
│ 余 白   │ 余 白  │         ○○ │        │ ③本番○○、○○ないし○○に分筆│
│          │          │            │        │〔昭和○○年○○月○○日〕│
├──────────┼──────────┼──────────┼────────┼─────────────────────┤
│ 余 白   │ 余 白  │ 余 白      │        │ 昭和○○年法務省令第○○号附則│
│          │          │            │        │ 第○○条第○項の規定により移記│
│          │          │            │        │ 平成○○年○○月○○日│
└──────────┴──────────┴──────────┴────────┴─────────────────────┘

┌─────────────────────────────────────────────────────────────┐
│ 権 利 部 （ 甲 区 ） （ 所 有 権 に 関 す る 事 項 ）       │
├────────┬────────┬──────────────┬─────────────────────────────┤
│ 順位番号│ 登記の目的│ 受付年月日・受付番号│ 権利者その他の事項        │
├────────┼────────┼──────────────┼─────────────────────────────┤
│  1     │ 所有権移転│ 昭和○○年○○月○○日│ 原因  昭和○○年○○月○○日売買│
│        │          │ 第○○○○号    │ 所有者  千葉県市川市○○○丁目○番○号│
│        │          │                │  佐藤誠一                  │
│        │          │                │  順位○番の登記を移記      │
├────────┼────────┼──────────────┼─────────────────────────────┤
│        │ 余 白   │ 余 白         │ 昭和○○年法務省令第○○号附則第○条│
│        │          │                │ 第○○項の規定により移記    │
│        │          │                │ 平成○○年○○月○○日      │
├────────┼────────┼──────────────┼─────────────────────────────┤
│  2     │ 所有権移転│ 令和○○年○○月○○日│ 原因  令和○○年○○月○○日相続│
│        │          │ 第○○○○号    │ 所有者  千葉県市川市○○○丁目○番○号│
│        │          │                │  佐藤和也                  │
└────────┴────────┴──────────────┴─────────────────────────────┘

これは登記記録に記録されている事項の全部を証明した書面である。ただし、登記記録の乙区に記録されている
事項はない。

令和○○年○○月○○日
千葉地方法務局○○支局            登記官    ○○○○        [印]

＊下線のあるものは抹消事項であることを示す。    整理番号  ○○○○○○（○/○）  ○/○
```

- 相続の年月日を確認します
- 登記識別情報に記載されている受付年月日、受付番号とあっているか確認します
- 相続人の住所、氏名に間違いがないか確認します

事項証明書に記載されている受付年月日・受付番号を伝えて、登記申請書に記載した情報と登記されている情報が違うことを伝えます」。書類を見せながら説明したほうが早いので、できれば窓口に出向くのがいいで

273

しょう。その後、法務局側で、職権にて修正の登記をしてもらえるので、こちらから再度申請する必要はありません。修正の登記が終わったら、正しい情報になったか再度登記事項証明書を取得して確認してみます。

一方、登記申請書に記載した情報がそもそも間違っていた場合はあなた自身のミスなので、法務局側で修正してくれることはありません。「更正登記（あらためて正す登記）」をあなた自身で申請して、修正してもらう必要があります。更正登記のしかたは管轄法務局で確認してください。

一般的には登記申請書に誤りがあったとしても、法務局で十分に審査したうえで、申請者に不備を修正させて進めるので、登記の誤りというのはめったにありません。それでも人のやることなので万が一ということもあります。登記が完了したら、登記内容に間違いがないか、よく確認してください。

納税通知書、固定資産評価証明書の名義

　固定資産税の納税通知書は毎年4～6月ごろに、その年の1月1日現在の登記上の名義人宛てに送られてきます。**「2月や3月に登記を申請して名義人が変わったとしても、その年の納税通知書には反映されない」**ので注意してください。登記が変わったからといって、すぐ税務関係の情報に反映されるわけではありません。固定資産評価証明書についても同様です。

　たとえば、令和5年2月に登記を申請して名義が変わっても、令和5年4～6月に送られてくる納税通知書は旧名義人（令和5年1月1日時点での名義人）宛てに送られてきます。また令和5年度内に固定資産評価証明書を取得しても、そこに記載されている名義人の住所・氏名は旧名義人のままです。現在の名義人の情報になるのは、翌年の納税通知書、固定資産評価証明書（令和6年4月1日以降）からとなります。

この章の中で、何月何日に●●●をしようと決めたらここに書き込んで、実際にやったらチェックを入れましょう。

年	月	日		✓
年	月	日		✓
年	月	日		✓
年	月	日		✓

第9章 相続を放棄したい場合

相続放棄をすると、プラスの財産もマイナスの財産も遺産の一切を放棄することになり、はじめから相続人でなかったことになります。たとえ親子であっても、相続放棄をした相続人に借金を返す義務はありません。一方で債権者（お金などを貸した側）からすれば、相続人が相続放棄をするかどうかは重大な関心事です。誰に返済をしてもらえるのか、もしかしたら債務超過であれば返済を受けられない可能性だってあります。

相続放棄をするためには、相続人から家庭裁判所に相続放棄の申述（申立て）を、相続の開始を知ったとき（通常は被相続人の死亡のとき）から3カ月以内に行わなければなりません。

ここでは、家庭裁判所に相続放棄の申述（申立て）を行う際の書類の書き方や用意するものなど、手続きの詳細についてお話しします。不備があって相続放棄ができなかった、なんてことにならないよう細心の注意を払って進めていきましょう。

9-1 遺産を相続するか、放棄するか

1. 相続放棄の考え方としかた

❶ 遺産を相続する、または放棄する

相続がはじまると、相続人は次のいずれかの方法を選択することになります。

> **A** 被相続人の権利や義務など遺産の一切を相続する（単純承認）
> **B** 被相続人の権利や義務など遺産の一切を相続しない（相続放棄）
> **C** 被相続人の債務がどの程度あるか不明であり、財産が残る可能性がある場合に、相続人が相続によって得た財産の限度で被相続人の債務の負担を受け継ぐ（限定承認）

この3つのうち、「**B 相続放棄と C 限定承認という手続きは、家庭裁判所への申述（申立て）が必要**」となります。

相続放棄は、借金など負の財産が多い場合に選択する手続きです。相続はプラスの財産だけでなくマイナスの財産も相続するので、被相続人に借金があれば、相続人がその借金を引き継いで返済する義務があります。相続人に借金を返す資力があればいいのですが、そうでなければ、相続放棄という選択肢を視野に入れます。相続放棄を選択すれば、プラスの財産を相続しない代わりにマイナスの財産も相続しなくてすみます。

相続放棄をする場合は、法律上その期間が決められており、相続人は「**相続がはじまったことを知ったときから3カ月以内に家庭裁判所に申述しなければなりません**」。ここで注意しなければならないのは、「**家庭裁判所において所定の手続きをする必要がある**」ということです。いくら「放棄をする」と言っても、家庭裁判所に申立てないかぎりは有効な相続放棄とは認められません。

なお相続人が、相続がはじまったことを知ったときから3カ月以内に相続財産の状況を調査しても、相続を承認するか放棄するかを判断する資料がない・見つからないときは、相続放棄の期間の延長を申立てること

で、家庭裁判所はその期間を延ばすことができます。3カ月という期間はあっという間なので、借金など負の遺産調査が順調に進まない場合は、**「期間伸長の申立て」**をするようにします。

≪相続放棄を検討すべき場合

A 借金などマイナスの財産が明らかに多い場合
B 相続争いなどに巻き込まれたくない場合

COLUMN

「相続放棄」と、いわゆる「相続分の放棄」の違い

　遺産分割協議の話をする際に、「○○は相続を放棄したから、遺産分割協議書に署名捺印する必要はない」と誤解をしている人をよく見かけます。このようなケースにおいて、「家庭裁判所に相続放棄の手続きを取られていますか？」と尋ねると、大体は「いいえ、そのような手続きはしていません。でも、放棄はしています」という回答が返ってきます。

　相続放棄をするには家庭裁判所に申立てる必要があるということは前述のとおりですが、一体どういうことだろうと疑問に感じる人も多いと思います。結論からいうと、ここでいう「放棄した」というのは正式な「相続放棄」のことではありません。よく耳にする、**"相続を放棄した"というのは、"相続人であるが何も遺産を受け取らないことに同意した"という趣旨にすぎません。法律上でいうところの"相続放棄"ではなく、相続分の放棄にすぎないので、混同しないように注意が必要」**です。

　正式な相続放棄でない以上、いくら「相続分を放棄する」といっても相続人であることに変わりないので、遺産分割協議書へ署名捺印をしなければなりません。一方、正式に家庭裁判所へ相続放棄の申述をした人は最初から相続人でなかったことになるので、遺産分割協議書への署名捺印は不要です。

9-2 相続放棄の手続きのしかたと流れ

1. 相続放棄の流れ

❶ 相続放棄の流れ

相続放棄の申述書を裁判所に提出しても、その場で審査されるわけではありません。ある程度の日数がかかるので余裕を持って進めましょう。

1 相続放棄の申述書の作成、必要書類の準備

2 管轄の家庭裁判所に必要書類を添えて申述書提出（窓口に持っていくか郵送）

3 裁判所から照会書の送付

相続放棄の申述書を提出してから数日〜2週間程度で、裁判所から「照会書」という書面が本人に送付されます。照会書に書かれている各質問に回答を記入し、家庭裁判所に返送します。
なお、案件によっては照会書の送付ではなく、家庭裁判所に呼び出されて質問される場合もあります

4 相続放棄の審査

5 相続放棄の受理

相続放棄の審査に問題がなければ、相続放棄受理通知書（相続放棄が問題なく受理されたことの通知書）が送付されます。これをもって、相続放棄の手続きは完了です

6 相続放棄の受理証明書の申請

相続の各種手続きを行う際には、相続放棄が受理された旨の証明書が必要となるので、**「相続放棄受理証明書」**の発行を申請します。相続放棄受理証明書は、債権者から提出を求められることもあります。相続放棄受理証明書を取ることは義務ではありませんが、あったほうが諸手続きに便利なので、取得しておきましょう

❷ 相続放棄の受理証明書の取得方法

家庭裁判所にある備えつけの申請用紙に必要事項を記入し、1件につき150円分の収入印紙を添えて、**「相続放棄の受理をした家庭裁判所に申請」**します。家庭裁判所の窓口で取得する際は、印鑑および相続放棄の受理通知書や運転免許証などの本人確認書類を持参してください。なお、申請時に返信用の切手を添えて提出すれば、郵送でも取得できます。

● 相続放棄申述受理証明書のサンプル

9-2 相続放棄の手続きのしかたと流れ

2. 相続放棄の申立てのしかた

❶ 相続放棄の手続きの概要

≪申述人

　申述人とは、「**相続放棄をする相続人**」のことをいいます。
　相続人が未成年者または成年被後見人である場合には、その法定代理人が代理して申述します。未成年者と法定代理人が共同相続人であって、未成年者のみが相続放棄をする場合には、特別代理人の選任が必要になります（未成年者と法定代理人ともに相続放棄をする場合は不要）。

● **相続人が未成年者のときの相続放棄のしかた**

被相続人（夫）　――　妻・長女の法定代理人（親権者）〔相続権有〕

長女（未成年）〔相続権有〕　⇔利益相反⇔　特別代理人

　妻は被相続人である"夫の相続人"であるとともに、未成年者である"長女の法定代理人（親権者）"でもあります。長女だけが相続放棄すると、妻の相続分が増えることになります。一方の取り分が減ったら一方の取り分が増えることを"利益相反関係"にあるといい、このような場合、自分の利益になるように動く可能性があるため、妻は長女の法定代理人として相続放棄の申立てをすることはできません。ただし、長女も妻も相続放棄をするのであれば、一方に不公平が生じることはないため、長女の法定代理人である妻が長女の相続放棄の申立てをすることは可能です。

| 長女だけ相続放棄 | ⇒ | 特別代理人選任の申立てが必要 |
| 長女も妻も相続放棄 | ⇒ | 特別代理人選任の申立ては不要。長女を代理して妻が相続放棄の申立てをすることが可能 |

≪申述期間

自分が法律上の相続人となったことを知ったときから3カ月以内

≪申述先（管轄裁判所）

被相続人の最後の住所地の家庭裁判所に申立てをします。相続人の住所地の家庭裁判所ではないので注意が必要です。

管轄裁判所の詳細は、下記の裁判所のサイトで調べられます。

裁判所HP：裁判所の管轄区域
http://www.courts.go.jp/saiban/kankatu/index.html

≪申述書の書き方

相続放棄申述書は下記の裁判所のサイトからダウンロードできます。

裁判所HP：相続放棄の申述書（申述人が20歳以上）
http://www.courts.go.jp/saiban/syosiki_kazisinpan/syosiki_01_13/index.html

裁判所HP：相続放棄の申述書（申述人が20歳未満）
http://www.courts.go.jp/saiban/syosiki_kazisinpan/syosiki_01_13_02/index.html

≪申述に必要なもの

次の3つになります。

A 申述書（収入印紙800円分を貼る。「相続人等目録」をつける）
B 戸籍謄本などの添付書類（288頁参照）
C 裁判所連絡用の切手

相続放棄申述書（申述人が成人の場合）サンプル（1頁目）

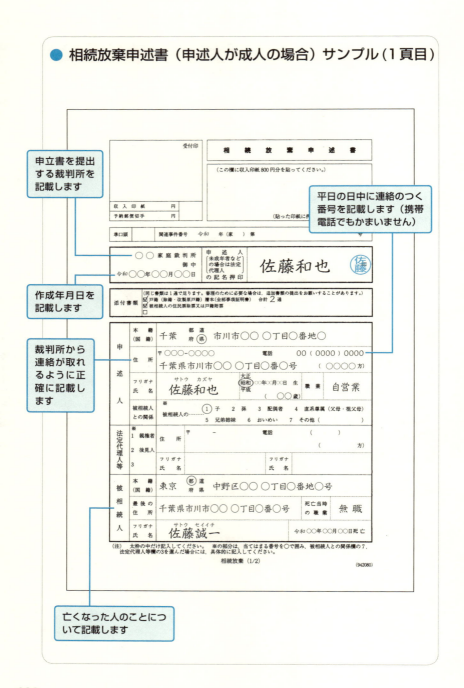

● 相続放棄申述書（申述人が成人の場合）サンプル（2頁目）

> 亡くなった人が残した財産（負債を含む）について記載します

申　述　の　趣　旨
相続の放棄をする。

申　述　の　理　由

※ 相続の開始を知った日 ………… 令和○○年 ○○月 ○○日
① 被相続人死亡の当日　　　3　先順位者の相続放棄を知った日
2　死亡の通知をうけた日　　4　その他（　　　　　　　　　）

放棄の理由	相続財産の概略
※ 1　被相続人から生前に贈与を受けている 2　生活が安定している。 3　遺産が少ない。 4　遺産を分散させたくない。 ⑤　債務超過のため。 6　その他	農　地 …… 約　　　　平方メートル　現　金 　　　　　　　　　　　　　　　　預貯金　約　　　　万円 山　林 …… 約　　　　平方メートル　有価証券　約 100 万円 宅　地 …… 約　　　　平方メートル 建　物 …… 約 20　平方メートル 負　債　　　　　　　　　　　　　約　1,000 万円

(注)　太枠の中だけ記入してください。　※の部分は、当てはまる番号を○で囲み、申述の理由欄の4、放棄の理由欄の6を選んだ場合には、（　　）内に具体的に記入してください。

> 1～5に該当しないときはここに記載します

相続放棄（2/2）

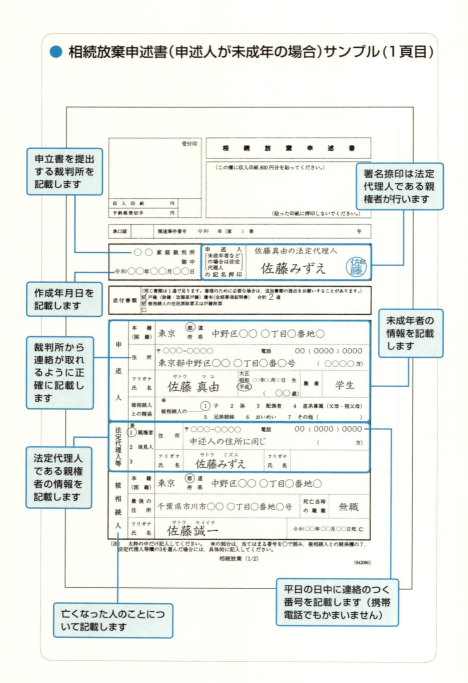

● 相続放棄申述書（申述人が未成年の場合）サンプル（2頁目）

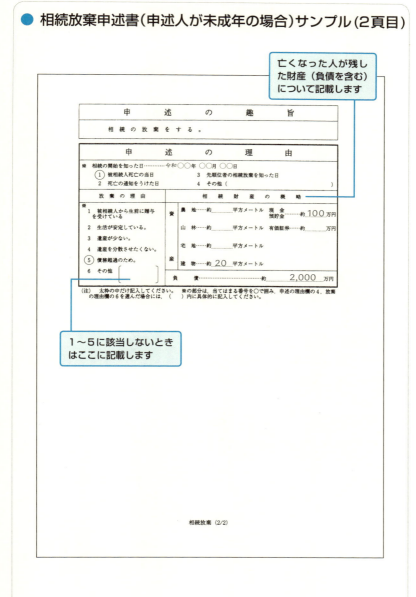

❷ 相続放棄が認められない場合

相続放棄をした場合でも、次の2つに該当する場合には相続放棄は認められず、単純承認したものとみなされます。

> **A** 相続人が相続財産の全部、または一部を処分した場合
> 　　例 被相続人所有の不動産を売却した
>
> **B** 相続人が相続放棄をした後であっても、相続財産の全部、または一部を隠匿したり、消費したり、わざと相続放棄の申述書の相続財産の概略・財産目録に記載しなかった場合
> 　　例 被相続人の特定の預貯金口座を申述書に記載しないで、こっそり相続人のものにした
> ※ 一般的に葬儀費用は除外していいとされています

要は、おいしいとこ取りは認められないということです。借金の返済は免れて、プラスの財産だけを得ようとしても、それでは債権者からしたら納得いかないのは当然です。**「相続放棄を検討しているのであれば、不用意に被相続人の財産に手をつけるのは避けましょう」**。

なお、**「相続放棄をしないまま相続開始から3カ月間を経過した場合は、原則、単純承認したものとみなされます」**。

❸ 相続放棄をした場合の 保険金の受け取りについて

生命保険金の受け取りは、保険契約や約款で特定の受取人が指定されている場合、相続財産ではなく受取人固有の権利として取得します。よってこの場合は、相続放棄をしても生命保険金を受け取る権利はあります。なおこの場合においても、相続税法上は課税されるので注意が必要です。

COLUMN

相続放棄をすると

　法定相続人が家庭裁判所に相続放棄の申述をして受理されると、その相続人はプラスの財産もマイナスの財産も一切を相続しませんし、はじめから相続人ではなかったことになります。

　同順位の相続人の全員が相続放棄をした場合、後順位の相続人に相続権が移ります。たとえば、相続人が被相続人の子である長男と二男の2人であった場合、長男も二男も2人とも相続放棄をすると、第1順位の相続人はいないことになるので、第2順位の被相続人の父母に相続権が移ります。父母・祖父母など第2順位の相続人も全員相続放棄すると、次は第3順位の被相続人の兄弟姉妹などに相続権が移ります。

　このように、同順位の相続人が全員相続放棄すると次々に相続権が移っていきます。なお、同順位の相続人のうち一部が相続放棄しただけでは上記のようにならないので、注意してください。上記の例でいうと、長男だけが相続放棄した場合、相続人は二男のみとなります。このときは、父母まで相続人になるということはありません。

　被相続人に多額の借金がある場合など、単純に子である長男・二男が相続放棄すればそれで解決ということにはなりません。親族一同を巻き込むことにもなるので、相続放棄をする際には慎重に検討し、相続放棄をすることを後順位の相続人にも伝えておくなどの配慮が必要です。

9-2 相続放棄の手続きのしかたと流れ

3. 相続放棄の手続きに必要な書類と費用

❶ 添付書類を集める

　相続放棄の手続きにおいて添付する書類は、相続登記の際に必要な書類とおおむね重複しています。同じ書類は1通で足ります。もし「**申立て前にどうしても入手が不可能な戸籍謄本などがある場合は、申立て後に追加提出する**」ことでも差し支えありません。

　下記添付書類は、「**原則、原本提出**」となります。何も言わなければ原本は返ってこないので、原本を戻してほしい場合は裁判所に原本還付の手続きを取りましょう。ただし、裁判所によっては原本を返してくれないところもあります。相続登記に使用する戸籍謄本（除籍謄本、改製原戸籍謄本）と別で取得していれば（つまり各2通以上集めている）、原本を提出しても差し支えないですが、各1通しか取得していない場合、原本を返却してもらわなければ再度書類集めをすることになるので注意してください。

　下記添付書類のうち、AとBは必ず必要ですが、C以降については、該当している場合のみ集めてください。家庭裁判所から、必要に応じて次の書類以外の追加書類の提出を求められる場合もあります。

❷ 相続放棄するときの添付書類

《必ず添付する書類

> A 被相続人の住民票除票または戸籍の附票
> B 相続放棄をする相続人（申述人）の戸籍謄本

《申述する相続人が配偶者の場合

> C 被相続人の死亡の記載のある戸籍謄本（除籍謄本、改製原戸籍謄本）

≪申述する相続人が子（またはその代襲相続人）の場合

- C 被相続人の死亡の記載のある戸籍謄本（除籍謄本、改製原戸籍謄本）
- D 申述人が孫など代襲相続人の場合、本来の相続人（被相続人の子など）の死亡の記載のある戸籍謄本（除籍謄本、改製原戸籍謄本）

≪申述する相続人が第2順位の相続人である父母・祖父母など（直系尊属）の場合

- C 被相続人の出生時から死亡時までのすべての戸籍謄本（除籍謄本、改製原戸籍謄本）
- D 被相続人の子（およびその代襲相続人）で死亡している人がいる場合：その子（およびその代襲相続人）の出生時から死亡時までのすべての戸籍謄本（除籍謄本、改製原戸籍謄本）
- E 父母、祖父母などで死亡している人がいる場合：その直系尊属の死亡（例 相続人が祖父母の場合、父母）の記載のある戸籍謄本（除籍謄本、改製原戸籍謄本）

● E 第2順位である祖父母が相続人になる場合

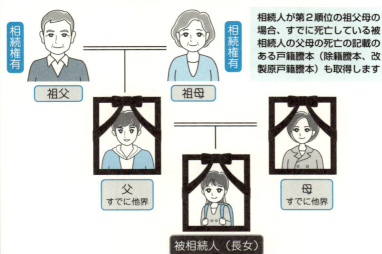

相続人が第2順位の祖父母の場合、すでに死亡している被相続人の父母の死亡の記載のある戸籍謄本（除籍謄本、改製原戸籍謄本）も取得します

直系尊属とは 父母や祖父母のように、被相続人より前の世代の直系の親族のことを"直系尊属"といいます。父母は、養父母も含みます。直系（直通する系統、縦の血縁関係）なので、叔母や叔父、配偶者の父母などは直系尊属には該当しません。なお、被相続人より後の世代の直系の親族のことは"直系卑属"といいます。

≪申述する相続人が被相続人の兄弟姉妹および甥、姪の場合≫

- C 被相続人の出生時から死亡時までのすべての戸籍謄本（除籍謄本、改製原戸籍謄本）
- D 被相続人の子（およびその代襲相続人）で死亡している人がいる場合：その子（およびその代襲相続人）の出生時から死亡時までのすべての戸籍謄本（除籍謄本、改製原戸籍謄本）
- E 被相続人の父母、祖父母などの直系尊属の死亡の記載のある戸籍謄本（除籍謄本、改製原戸籍謄本）
- F 申述人が甥、姪など代襲相続人である場合：本来の相続人である被相続人の兄弟姉妹の死亡の記載のある戸籍謄本（除籍謄本、改製原戸籍謄本）

❸ 書類にかかる費用

- A 申述人1人につき800円分の収入印紙
- B 連絡用の郵便切手
- ※ 各裁判所によって用意する郵便切手の内訳・金額が異なるので、申述先の家庭裁判所に問いあわせてください
- C 相続放棄受理証明書の取得用として150円分の収入印紙（相続放棄の手続きが完了した後に証明書を取る際に必要）

1度相続放棄が受理されてしまうと、取りやめることは原則できないので、よく検討して申立てをしてください。

この章の中で、何月何日に●●●をしようと決めたらここに書き込んで、実際にやったらチェックを入れましょう。

年	月	日		✓
年	月	日		✓
年	月	日		✓
年	月	日		✓

第10章

相続登記と一緒にやっておくべきそのほかの登記

　相続登記を進めていく中で、一緒にやっておくといい登記があります。代表的なものとして、「(根)抵当権抹消登記」と「住所(氏名)変更登記」の2つがあります。これらは今すぐ行う必要性があるわけではありませんが、いずれ売却をしたり、不動産を担保に差し入れて融資を受けたりする場合には、必ず行わなければなりません。

　また自身に相続が発生して、相続人が相続登記をする場合、通常よりも書類を多く取りそろえなければならなかったり、時間がかかったりと困ることになります。義務ではありませんが、相続登記を機にやれることはやっておいたほうが後々楽になります。余裕があるようであれば、ぜひチャレンジしてください。

10-1 やっておくといい登記 ❶

1. (根) 抵当権抹消登記

❶ (根) 抵当権とは

　「(根) 抵当権は、"担保" と呼ばれる」こともあります。担保というのは、債務者（借りる側）が債務（借りたもの）の返済をしなかった場合に受ける債権者（貸した側）のリスクを考慮して、あらかじめ借りたものの返済分を確保して、債権者が安心して債務者に貸すための保険のようなものです。**「債務者（または第三者）が担保として提供したものが不動産であれば、債務不履行（借りたものを返済しない）になった場合、債権者はほかの債権者がいても、その不動産から優先して返済を受けることができます。この権利を "(根) 抵当権" といいます」**。

　たとえば、家を買ったときに、銀行で住宅ローンを組んでお金を借りたとします。銀行は、ローンを返済できなくなったときの担保として、土地や建物に（根）抵当権を設定します。そして、実際に支払いが滞った場合には、銀行は（根）抵当権を設定した土地や建物を競売にかけ、その売却代金から、ほかの債権者に優先して借金の返済を受けることができます。

❷ (根) 抵当権抹消登記とは

　不動産の登記事項証明書の「乙区」には、（根）抵当権などの所有権以外の登記の履歴が載っています。すでに抹消されたものと現在有効なものを含めて履歴が載っていますが、**「すでに抹消されているものについては下線が引かれ、効力がない」**（300頁参照）ことがわかります。また、**「現在も有効なものは下線がなく、登記がされたまま」**であることがわかります。ここで、乙区欄にこれらの（根）抵当権の登記がある場合は注意が必要です。

　債務者が被相続人名義で住宅ローンなどの借り入れをしている場合、担保として所有不動産に抵当権（または根抵当権）が設定されています。

自分で把握していて、現在もローンの支払いが残っている場合は問題ありませんが、「**完済をする場合またはすでに完済していた場合は、"(根)抵当権抹消登記"を申請する**」ことになります。完済をしても自動的に(根)抵当権の登記が消えるわけではないので、必要書類を用意して自分で登記をしなければなりません。なお今後もローンの支払いが残っている場合、抹消登記は不要でも、債務者を相続人に変える「**債務者変更登記**」が必要なことがあるので、金融機関に被相続人が死亡した旨の連絡をしておきます。また被相続人が「機構団体信用生命保険特約制度」を利用している場合には、残りの住宅ローンが全額弁済されることになるので、完済のときと同様に「**(根)抵当権抹消登記**」が必要です。

相続登記と違い、所有者であるあなただけで(根)抵当権抹消登記ができるわけではなく、(根)抵当権者である相手方の書類がないと登記ができません。

❸ 登記申請書の作成上の注意

申請書はA4の用紙を使用し、ほかの添付情報とともに「**左とじ**」にして提出してください。紙質は長期間保存できる丈夫なもの（上質紙など）を使います。文字は、直接パソコン（ワープロ）を使用して入力するか、黒色インク、黒色ボールペンなど（摩擦で消えるまたは見えなくなるものは不可）で、はっきりと書きます。鉛筆は使用できないので注意が必要です。

郵送による申請も可能です。申請書を郵送する場合は、申請書を入れた封筒の表面に「**不動産登記申請書在中**」と記載して、書留郵便で送付します。

登記申請書を作成する際の注意点は相続登記のときと同じなので、詳しくは第8章を参照してください。

❹ (根)抵当権者が金融機関の場合

金融機関が(根)抵当権者の場合は、担当の支店に連絡をし、完済手続き完了後、(根)抵当権抹消登記に必要な書類を発行してもらいます。金融機関側はこのような手続きに慣れているので、「ローン完済に伴う(根)抵当権抹消登記の書類」と言えば、すんなり話は通じます。金融機

関側で司法書士を手配して（根）抵当権抹消登記を行ってくれるケースもあるので、必要に応じてその点も確認してみましょう。

完済をしてしばらくすると、通常は自宅に抹消登記に必要な書類一式が送付されてきます。ここでは詳細な説明は割愛するので、法務省のサイトを参考に進めてください。相続登記のときと同様に法務省のサイトから申請書をダウンロードできるので、利用すると便利です。

> 法務省HP：不動産登記の申請書等の様式について
> http://www.moj.go.jp/MINJI/MINJI79/minji79.html

❺（根）抵当権抹消登記時の登記申請書の解説

≪A：登記の目的、順位番号

　抹消する抵当権の乙区（不動産に関する所有権以外の権利関係について記録している部分です）の順位番号を記載します。**「順位番号については、登記識別情報通知書、登記事項証明書で確認」**します。

　土地と建物で抵当権の順位番号が異なる場合は、「不動産の表示」欄の上に「抵当権抹消（順位番号後記のとおり）」と記載して、「不動産の表示」欄のそれぞれの不動産の末尾に「（順位1番）」「（順位3番）」のように記載します。

　また、抹消する抵当権を、「受付年月日」および「受付番号」で記載しても差し支えありません。

≪B：原因

　債務を完済して抵当権が消滅した日とその原因を記載します。たとえば、抵当権の設定契約が令和○○年2月10日に解除されて抵当権が消滅したときは、**「令和○○年2月10日解除」**と記載します。

≪C：権利者

　現在の所有者の住所、氏名または名称を記載します。これは登記記録（登記事項証明書）に記録されている所有者の住所、氏名または名称と一致している必要があります。一致していない場合は、事前に登記記録上の住所、氏名または名称を現在のものに変更する登記が必要となります。

● **金融機関が（根）抵当権者の場合の登記申請書サンプル**

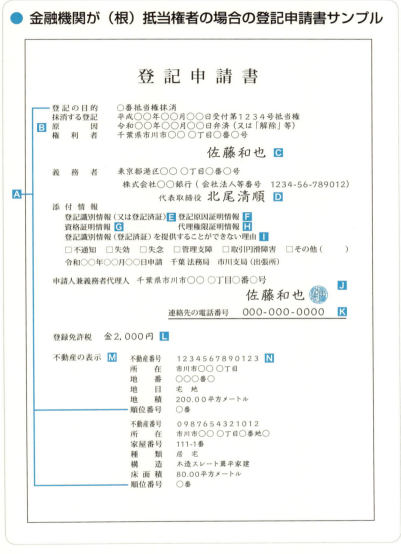

相続登記と一緒に申請するときは、相続人の住所、氏名を記載します。

≪D：義務者

抵当権者である銀行などの本店、主たる事務所の所在地、商号および

代表者の氏名を記載します。この記載が「**登記記録（登記事項証明書）に記録された内容と一致していない場合は、登記記録（登記事項証明書）上の事務所の所在地および商号から現在のものまでの変更の経過がわかる会社・法人の"登記事項証明書"**」を添付します。会社法人等番号を記載すれば、登記事項証明書の添付が不要な場合もあります。

≪E：登記識別情報または登記済証

　抵当権者の登記識別情報（登記識別情報を記載した書面を封筒に入れ、封をして提出します。この封筒には、抵当権者の氏名または名称および登記の目的を記載し、登記識別情報を記載した書面が在中する旨を明記する必要があります）または登記済証（権利証）の原本を提出します。なお、登記済証を提出した場合には、登記完了後返却されます。

≪F：登記原因証明情報

　登記原因証明情報とは、登記の原因となった事実または行為およびこれに基づき現に権利変動が生じたことを証する情報を指します。抵当権の抹消の場合は、「**抵当権者が作成した弁済証書**」や「**解除証書**」がこれにあたります。これらの書類がない場合は登記済証に付記して書かれていることもあるので、確認してください。

≪G：資格証明情報

　抵当権者が銀行などの会社・法人の場合は、その代表者の資格を証する情報（1カ月以内に作成されたもの。会社・法人の登記事項証明書でも可）も必要です。なお登記申請書に会社法人等番号を記載する場合には、資格証明情報の添付は不要です。

≪H：代理権限証明情報

　登記申請に関する委任状（代理人の権限を証する情報）です。様式・記載例は、委任状の例（299頁）を参照してください。

≪I：登記識別情報（登記済証）を提供することができない理由

　登記識別情報または登記済証を提供することができない場合は、その理由の□にチェックをします。この場合には、抵当権者の印鑑登録証明書の添付が必要となります。

≪J：現在の所有者（所有権の登記名義人）の住所、氏名または名称

抵当権者から登記の申請の委任を受けた現在の所有者（所有権の登記名義人）・相続登記と一緒に行うときは相続人の住所、氏名または名称を記載します。「**この記載は、権利者の住所、氏名または名称Ｃの記載と一致している必要があります**」。氏名の横に認印を押してください。

≪Ｋ：連絡先の電話番号

申請書の記載内容などに補正すべき点がある場合に、登記所の担当者から連絡するための連絡先の電話番号（平日日中に連絡を受けることができるもの）を記載します。

≪Ｌ：登録免許税

抹消の登記の登録免許税は、土地または建物１個につき1,000円です（ただし、20個以上の不動産について同一の申請書により抹消の登記をするときは、２万円になります）。

登録免許税を収入印紙で納付する場合には、収入印紙（割印や消印はしないでください）を貼りつけた用紙を申請書と一括してつづり、申請人またはその代理人は、つづり目に必ず契印をしてください（申請人が２人以上いる場合は、そのうちの１人が契印すればかまいません）。

≪Ｍ：不動産の表示

登記の申請をする不動産を、登記記録（登記事項証明書）に記録されているとおりに正確に記載してください。

≪Ｎ：不動産番号

不動産番号を記載した場合は、土地の所在、地番、地目および地積（建物の所在、家屋番号、種類、構造および床面積）の記載を省略することができます。

❻ （根）抵当権者が個人の場合

不動産を担保に差し入れてお金を借りる場合、大半は、金融機関やノンバンクなどの業者からになります。それでも、最近ではあまり見かけなくなりましたが、友人・知人または近所の人から借りるケースもゼロではありません。

（根）抵当権者が個人の場合でも登記に必要な書類は変わりません。しかし、問題は個人だと書類の作成のしかたがわからず、準備に時間がか

●（根）抵当権解除証書サンプル

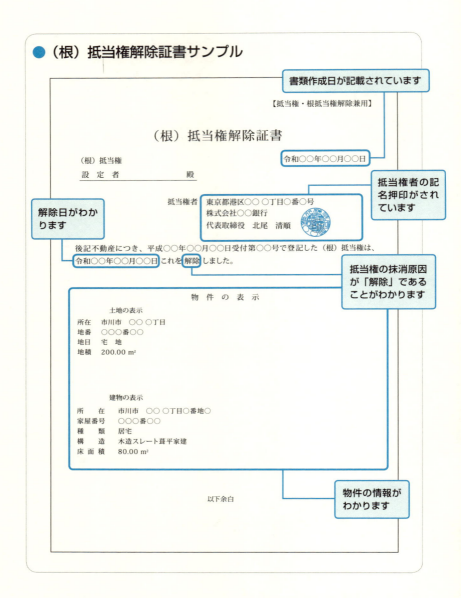

かってしまったり、すでに亡くなっているなどの事情で連絡が取れなくなってしまっていたりすることです。こうなると、一個人で進めていくのはかなり大変なので、司法書士などの専門家に任せてしまうほうが早くすむでしょう。

●（根）抵当権抹消登記時の委任状サンプル

本来、（根）抵当権抹消登記は C の権利者と D の義務者双方で申請しますが、一般的に金融機関が所有者と一緒に申請書に印を押して登記を申請してくれることはないので、委任状を交付して所有者に申請を一任します

委　任　状

私は、千葉県市川市○○○丁目○○番○○号 佐藤和也 に、次の権限を委任します。

1　下記の登記に関し、登記申請書を作成することおよび当該登記の申請に必要な書面とともに登記申請書を管轄登記所に提出すること
2　登記が完了した後に通知される登記完了証を受領すること
3　登記の申請に不備がある場合に、当該登記の申請を取下げ、または補正をすること
4　登記に係る登録免許税の還付金を受領すること
5　登記識別情報の暗号化及び受領に関する一切の件
6　上記1から5までのほか、下記の登記の申請に関し必要な一切の権限

　　　　　　　　　　令和○○年○○月○○日
　　　　　　　　　　東京都港区○○ ○丁目○番○号
　　　　　　　　　　　　　株式会社○○銀行
　　　　　　　　　　　　　代表取締役　北尾清順

　　　　　　　　記

登記の目的　　　　○番抵当権抹消
抹消する登記　　　平成○○年○○月○○日受付第１２３４号抵当権
原　　因　　　　　令和○○年○○月○○日弁済
権 利 者　　　　　千葉県市川市○○ ○丁目○番○号
　　　　　　　　　佐藤和也
義 務 者　　　　　東京都港区○○ ○丁目○番○号
　　　　　　　　　株式会社○○銀行

不動産の表示　　所　在　　千葉県市川市○○ ○丁目
　　　　　　　　地　番　　○○○番○
　　　　　　　　地　目　　宅　地
　　　　　　　　地　積　　200.00平方メートル
　　　　　　　　所　在　　千葉県市川市○○ ○丁目○番地○
　　　　　　　　家屋番号　111-1番
　　　　　　　　種　類　　居　宅
　　　　　　　　構　造　　木造スレート葺平家建
　　　　　　　　床面積　　80.00平方メートル

● (根) 抵当権抹消登記後の登記事項証明書サンプル

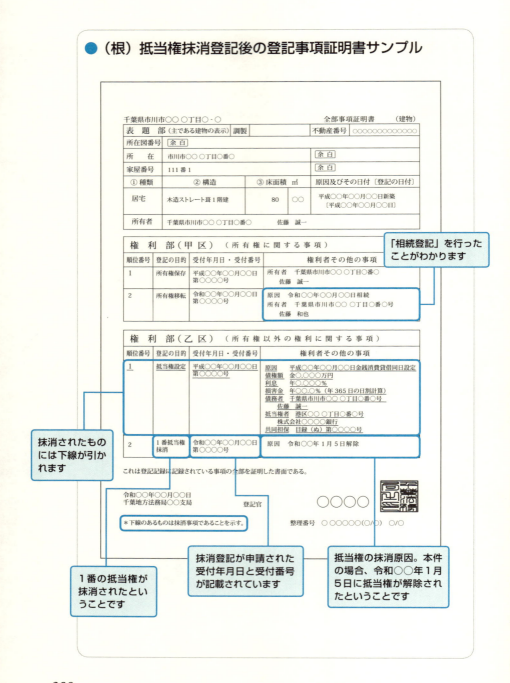

300

10-2 やっておくといい登記 ❷

1. 住所・氏名変更登記

❶ 住所・氏名変更登記とは

　もともと不動産が被相続人と相続人の共有になっているのに、過去に登記された相続人の住所・氏名が現在の住所・氏名と異なっていることが少なくありません。引越しで住所が変わったり、結婚や離婚で氏名が変わったりしている場合は、相続登記とあわせて**「住所・氏名変更登記」**をしておきましょう（被相続人の住所変更登記は不要です）。

　住所・氏名変更登記は義務ではありませんが、登記手続きにおいては同一人物かどうかの判断を住所・氏名が一致するかどうかで判断するので、たとえ同じ人でも、異なる住所で登記されていると同一人物とみなしてもらえません。いずれ、不動産を売却するときやローンを組んで不動産を担保に差し入れる際に支障が出てきます。

　相続登記に比べると必要書類も少ないですし、余力があれば一緒にやっておきましょう。ここでは詳細な説明は割愛するので、法務省のサイトを参考に進めてください。相続登記のときと同様に法務省のサイトから申請書をダウンロードできるので、利用すると便利です。

法務省HP：不動産登記の申請書などの様式について
http://www.moj.go.jp/MINJI/MINJI79/minji79.html

❷ 登記申請書の作成上の注意

　申請書はA4の用紙を使用し、ほかの添付情報とともに**「左とじ」**にして提出してください。紙質は長期間保存できる丈夫なもの（上質紙など）を使います。文字は、直接パソコン（ワープロ）を使用して入力するか、黒色インク、黒色ボールペンなど（摩擦で消えるまたは見えなくなるも

301

のは不可）で、はっきりと書きます。鉛筆は使用できないので注意が必要です。

郵送による申請も可能です。申請書を郵送する場合は、申請書を入れた封筒の表面に**「不動産登記申請書在中」**と記載して、書留郵便で送付します。

登記申請書を作成する際の注意点は相続登記のときと同じなので、詳しくは第8章を参照してください。

❸ 住所・氏名変更登記時の登記申請書の解説

≪A：登記の目的
甲区（その不動産について所有権に関する登記の登記事項が記録される部分です）の何番目の所有権を持っている登記名義人（所有者）の住所または氏名あるいは両方を変更するのかを記載します。

≪B：原因
住民票などに記載されている住所移転の日、戸籍謄本などに記載された氏名変更の日を記載します。数回変更している場合は、最後に変更した日を記載します。

≪C：変更後の事項
住民票と戸籍謄抄本などに記載されている現在の住所、氏名を記載します。

≪D：申請人の住所、氏名
所有権の登記名義人（所有者）の現在の住所および氏名を記載し、末尾に認印を押してください。

≪E：連絡先の電話番号
申請書の記載内容などに補正すべき点がある場合に、登記所の担当者から連絡するための連絡先の電話番号（平日日中に連絡を受けることができるもの）を記載します。

≪F：添付情報
登記原因証明情報として、氏名の変更であれば戸籍謄抄本、住所の変

● 住所・氏名の両方が変更になっている場合の登記申請書サンプル

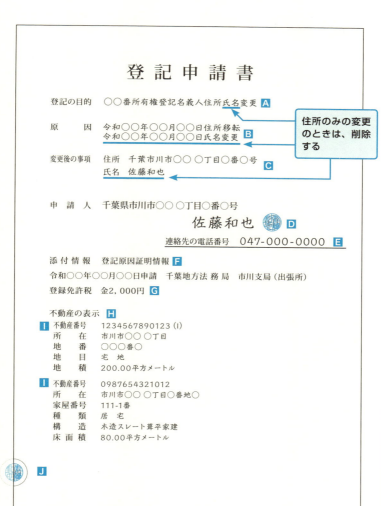

更であれば、本籍の記載のある住民票などを添付します。登記記録上の住所と氏名（旧氏名）および**「現在の住所と氏名並びにそれぞれの変更の日が記載されている必要があります」**。変更前の住所が記載されていない場合には、一連のつながりを証明する書類として**「変更の記載のある戸籍の附票」**をあわせて添付してください（戸籍の附票に関しては122頁参照）。

≪G：登録免許税

　登録免許税額を記載します。登録免許税は、土地または建物1個につき1,000円です。

　なお、登録免許税を収入印紙で納付する場合には、収入印紙（割印や消印はしないでください）を貼りつけた用紙をそれぞれ申請書と一括してつづり、つづり目に必ず契印をしてください。

≪H：不動産の表示

　登記の申請をする不動産を登記記録（登記事項証明書など）に記録されているとおり、正確に記載してください。

≪I：不動産番号

　不動産番号を記載した場合は、土地の所在、地番、地目および地積（建物の所在、家屋番号、種類、構造および床面積）の記載を省略することができます。

≪J：契印

　申請書が複数枚にわたる場合は、申請人は、各用紙のつづり目に必ず契印をしてください。

この章の中で、何月何日に●●●をしようと決めたらここに書き込んで、実際にやったらチェックを入れましょう。

年 月 日		✓
年 月 日		✓
年 月 日		✓
年 月 日		✓

第11章

困ったときの相談窓口

　自分で相続登記を進めていくうえでわからないことや疑問にぶつかったら、さまざまな相談窓口やサービスを利用してみるといいでしょう。

　本書を読み直して、どんなことがわからないのか、どんなことを知りたいのかはっきりさせておけば、明確な答えをもらいやすく、知りたい内容をすぐに手に入れられるようになるはずです。

11-1 相談先の案内

1. 相談内容にあった場所へ行く

❶ 相続登記に関する相談は法務局に問いあわせよう

　登記申請書の書き方など相続登記全般に関する相談は、各法務局の窓口で相談できます。また、電話相談室を設けている法務局もあります。法務省や各法務局のサイト内で登記申請書のひな形を掲載し、注意点や流れを案内しているので、何か困ったことがあれば、まずは法務局のサイトを見て調べてみましょう。

　ただ、電話口での相談やインターネットの案内だけでは限界がありますし、自分で作成した遺産分割協議書や集めた戸籍謄本に関する具体的な相談は、実際に見てもらわないと解決できないことが多いです。そのために、やはり管轄の法務局に出向いて、窓口で直接相談するのが1番いい解決方法です。ただし、わからないことが出てくる度に法務局へ出向いていたのでは時間がいくらあっても足りません。遠方で出向くのが難しい場合や簡易な相談であれば、**「まずは電話相談を利用し、それでも解決しない場合やある程度不明点を抽出できた段階で窓口に出向く」**ようにしましょう。窓口での相談は、予約制をとっている法務局が多いので、事前に問い合わせ、必要に応じて予約してください。

法務局HP：各法務局のホームページ
http://houmukyoku.moj.go.jp/homu/static/kakukyoku_index.html

東京法務局登記電話相談室（不動産の所在が東京の場合）
(042) 540 – 7211
※ 管轄の法務局に相談してください。

❷ 遺言書の検認、相続放棄、遺産分割の調停などに関する相談は家庭裁判所へ

遺言書の検認や相続放棄、遺産分割の調停などに関する相談は、申立てを行う家庭裁判所に問いあわせましょう。法務局ではこれらの相談は取り扱っていないので、申立てを行う手続きに関しては、管轄の家庭裁判所に直接相談します。

裁判所HP：各地の裁判所一覧
http://www.courts.go.jp/

❸ 相続の全般に関する相談は各種無料相談を利用しよう

相続に関する一般的な相談は、弁護士会や司法書士会が主催する無料相談会で相談できます。また法テラスや各市区町村で、専門家による無料相談会を実施している役所も多くあるので、活用するといいでしょう。

ただしこれらの無料相談会では、あくまで相続全般に関する相談に応じるだけで、個別具体的な相談や書類の書き方については対応していないことがほとんどです。「父が亡くなって不動産の名義を変えたいけれどどうすればいいか」「相続分について知りたい」「相続人間で争っているけれど今後どうすればいいのか」といった包括的な相談に対応しており、今後の道筋や解決に至る手続きを教えてもらうことは可能です。「登記申請書や遺産分割協議書を作成したのでチェックしてほしい」「調停申立書の書き方を教えてほしい」「遺産分割の審判で勝てるか」など、書類の書き方（指導、チェックを含む）や個別具体的な相談については対応していないことが多いので注意が必要です。

日本司法書士会連合会HP：司法書士総合相談センター一覧
http://www.shiho-shoshi.or.jp/activity/center_list.html

（次頁に続く）

> 日本弁護士連合会HP：法律相談予約・窓口
> http://www.nichibenren.or.jp/contact/consultation.html
> 日本司法支援センターHP：法テラス
> http://www.houterasu.or.jp/index.html

❹ 時間がかかる場合は専門家に依頼するのも手

　各種相談窓口を利用したとしても、どうしても自分の力だけでは解決できない、時間がかかるといったときは、思い切って専門家に依頼するのも手です。費用はかかりますが、最短かつ最善の策で対応してもらえるので、効率よく進めることができます。

　自分でできるところまではやってみて、難しいところだけ専門家に手伝ってもらうという選択肢もありです。「戸籍謄本などの書類集めだけやってもらいたい」「書類は集め終わったので、あとは登記を申請するのみだけど難しいからやってもらいたい」など、個別の依頼にも多くの専門家は対応しています。何もかもすべてお任せしてしまうのも楽ですが、自分の進捗や事情を鑑みて適宜検討してみましょう。

≪相談できる専門家と相談できる内容

　相続に関する専門家といっても、さまざまな士業が存在します。登記のことであれば司法書士、裁判については弁護士、税金については税理士といったように、それぞれの専門分野があります。ふだんあまり関わりがないと、そもそも誰に何を頼んでいいのかがわかりません。それぞれの専門家に何を相談できるかお話しするので、参考にしてください。

　もし最寄りの専門家を誰か紹介してほしいということであれば、前述した「法テラス（日本司法支援センター）」という国によって設立された法的トラブルのための総合案内所があるので、活用してみましょう。

> 日本司法支援センターHP：法テラス
> http://www.houterasu.or.jp/index.html

❺ それぞれの士業の具体的な役割

≪司法書士

　司法書士は登記のスペシャリストです。不動産の名義を書き変えるための登記を代行して行います。戸籍謄本集めや遺産分割協議書の作成など相続登記に必要な一連の手続きを依頼することが可能です。また、書類は自分で集めたけれど登記は難しいので、登記の申請だけお願いしたいといった依頼にも対応しています。

　登記以外にも、司法書士は裁判書類作成業務も行っているので、遺言書の検認や相続放棄の申立書を作成することもできます。ただし、書類を作成するところまではできるのですが、弁護士のように代理人になることはできないので、ある程度は自分で進めなければなりません。

　日本司法書士会連合会
　http://www.shiho-shoshi.or.jp/

≪弁護士

　相続人間で争っている場合、相続放棄や遺言書検認の申立てを行う場合は弁護士が専門となります。特に相続人当事者同士での話しあいが困難な場合は、専門家である弁護士に交渉して進めてもらったほうが有利にことを運ぶことができます。遺産分割の調停や審判は長期におよぶことが多く、自分で何もかもやろうとすると大変な手間がかかります。

　なかには遺産相続を取り扱っていない法律事務所もあるので、報酬も含め各法律事務所のサイトをよく確認してください。

　日本弁護士連合会
　http://www.nichibenren.or.jp/

≪税理士

　相続税に関する相談は税理士が専門となります。依頼する税理士によって納める相続税が変わるといわれるほど、専門性の高い職種です。相続専門の税理士事務所と、法人主体ながら相続も取り扱っている総合事

務所と2種類あるので、事務所のサイトなどでよく確認してください。報酬についてもぴんからきりまでありますが、遺産総額に応じて報酬が変わるという報酬体系を取っている事務所がほとんどです。

> 日本税理士会連合会
> http://www.nichizeiren.or.jp/

≪土地家屋調査士

　土地家屋調査士は測量および不動産の表示の登記に関するスペシャリストです。司法書士と同様に登記の専門家ですが、司法書士が所有権などの権利の登記を扱うのに対し、土地家屋調査士は、不動産の所在や構造、面積などの物理的情報である表題部の登記を扱います。表題部の登記を行うことで、法務局に不動産の情報が登録されます。つまり「**表題登記**」を行わなければ、不動産の情報が法務局に登録されないので、所有者が誰であるか登記もできません。また、登記事項証明書を取ることもできません。

　どういうときに土地家屋調査士に依頼する場面が来るかというと、主に「**登記されていない建物が遺産の中にある場合**」です。新しく建物を建てたときに、通常であればまずは表題登記をして権利の登記を行うのですが、不動産の登記は義務ではないため、費用を節約する・単に面倒であるといった理由から、表題登記をしていないといったケースがあります。未登記の建物は法務局に情報がないため、相続登記をすることができません。そういった場合に、まずは土地家屋調査士に依頼して、建物図面を描いてもらって表題部の登記をしてもらいます。

　また逆のパターンで、とっくに取り壊されている建物が登記上残っているので登録を抹消したいといった場合もあります。この場合は土地家屋調査士に依頼して、建物滅失登記をしてもらい、法務局から不動産の情報を抹消してもらいます。

> 日本土地家屋調査士連合会
> http://www.chosashi.or.jp/